218

9201

Lebrun

9,201

MÉMOIRE

POUR

M. H. LEBRUN

PROPRIÉTAIRE DES GRAVURES

CONTRE

MM. WALLUT ET Cie

PROPRIÉTAIRES DES TEXTES

DU

MUSÉE DES FAMILLES

PARIS

IMPRIMERIE DE J. CLAYE ET Cie

RUE SAINT-BENOÎT, 7

1854

MÉMOIRE

POUR

M. H. LEBRUN

CONTRE

MM. WALLUT ET Cie

L'examen des questions si nombreuses qu'embrasse le procès pendant entre les parties doit être précédé de notions préliminaires, indispensables pour éclairer le débat ; nous tenterons de les abréger autant que possible, en nous réservant d'invoquer pour notre excuse, si nous ne réussissons pas à être bref, l'importance des intérêts engagés dans l'instance.

En 1833 (septembre) Lebrun fondait, en société avec deux libraires, *la Mosaïque, Livre de tout le monde et de tous les pays.*

Un an après paraissait *le Musée des Familles.*

Après les progrès qu'a faits en France la gravure sur bois, on aura peine à croire aujourd'hui qu'à cette époque, c'est-à-dire en 1833, c'était chose rare, presque impossible, d'y trouver des artistes dessinateurs et graveurs en assez grand nombre pour suffire aux besoins sans cesse renaissants d'une publication illustrée hebdomadaire. Pourtant, tel était alors l'état des choses, et *le Musée des Familles*, et *le Magasin Pittoresque*, son aîné, étaient forcés d'emprunter leurs illustrations au *Penny* ou au *Saturday, magazines* anglais. *La Mosaïque*, au contraire, n'épargnant ni soins ni peines, créait en quelque sorte, dès son début, la gravure sur bois ou cuivre en relief, en France, et ne publiait que des gravures inédites ou originales. Les laborieux efforts de ses éditeurs furent couronnés de succès, et, pendant les trois années limitatives de l'existence de leur société, *la Mosaïque* vit constamment augmenter le nombre de ses souscripteurs.

Pendant ce temps, *le Musée* prospérait, sous l'impulsion des réclames et des annonces, bien que ses gravures fussent inférieures, sous le rapport de l'exécution, à celles de *la Mosaïque*. Alors il vint à l'esprit de M. Émile de Girardin, l'habile directeur du *Musée des Familles*, de s'assurer le concours des dessinateurs et graveurs de *la Mosaïque*, en même temps qu'il ferait cesser une concurrence. Par son ordre, des propositions de fusion furent soumises aux éditeurs-associés de *la Mosaïque*, et elles aboutirent aux conventions verbales que nous allons rapporter textuellement :

« Entre les soussignés :

« M. A. Thoisnier-Desplaces, directeur co-propriétaire de *la Mosaïque*, agissant tant en son nom personnel qu'au nom de MM. Cabanes et Lebrun, ses associés dans la propriété du journal *la Mosaïque*, et pour lesquels il se porte fort, ayant pouvoir suffisant à cet effet :

« Et MM. Émile de Girardin, Boutmy et Cleeman, tous trois propriétaires et membres du conseil de gérance du journal *le Musée des Familles*,

« Il a été dit et convenu ce qui suit :

« M. Thoisnier-Desplaces ne voulant pas continuer l'exploitation de son journal, en fait par ces présentes, et aux conditions qui vont être exprimées, cession pleine et entière à MM. Émile de Girardin, Boutmy et Cleeman. A dater du 1er septembre prochain, *la Mosaïque* cessera donc de paraître, et sa clientèle, ses listes d'abonnements, correspondants, etc., deviendront la propriété du *Musée des Familles*.

« Par contre, MM. Émile de Girardin, Boutmy et Cleeman s'engagent à payer, à dater du 1er octobre prochain, une somme de douze mille francs par an, soit mille francs par mois, à M. Thoisnier-Desplaces, qui se chargera moyennant cette somme de faire dessiner et graver toutes les gravures nécessaires à l'exploitation du *Musée des Familles*. Le nombre des gravures grandes et petites que le *Musée* pourra exiger, ne pourra être de plus de douze par mois, soit cent quarante-quatre par an ; mais ces gravures devront être aussi remarquables par leur confection et leur fini que celles employées par *la Mosaïque* dans ces derniers mois, et mieux encore si faire se peut.

« L'administration du *Musée* fournira au moins trois mois à l'avance les sujets de gravures, et M. Thoisnier-Desplaces les fera exécuter dans les deux mois qui suivront celui où le choix des sujets sera arrêté.

« Les gravures seront la propriété de M. Thoisnier-Desplaces ; mais il devra toujours fournir au *Musée des Familles*, et pour tous les tirages qu'ils pourront avoir à faire, des clichés de ces gravures ou ces gravures mêmes, s'il est reconnu que le tirage se fait avec plus de perfection sur les bois ou les cuivres que sur les clichés. Il sera loisible à M. Thoisnier-Desplaces de faire prendre autant de clichés qu'il voudra de chaque gravure, et de les vendre ou céder à toute publication faite à la fois hors de France et en langue étrangère.

« L'administration du *Musée des Familles* observe qu'elle est engagée vis-à-vis de M. Peeters, de Leipzig, à lui fournir tous les clichés de ses gravures, et il est convenu que dans le cas où elle serait contrainte à remplir ces engagements, M. Thoisnier-Desplaces fournira en son lieu et place, moyennant une somme de deux mille francs qui lui sera payée par l'administration du *Musée* en douze paiements mensuels, un cliché de chacune des gravures qui paraîtront dans le *Musée des Familles*, à dater d'octobre prochain.

« Le *Musée des Familles* servira chaque année cent abonnements à M. Thoisnier-Desplaces.

« M. Lebrun se chargera personnellement de veiller à la confection des gravures et à la perfection du tirage, et pourra, s'il le juge convenable, changer l'imprimeur.

« L'administration du *Musée des Familles* et celle de *la Mosaïque* conservent chacune pour leur compte la propriété des années publiées par elles antérieurement au présent traité, gravures, clichés, etc.

« En cas de non-exécution de l'une des conditions ci-dessus relatées et d'autre part, les parties choisiront chacune un arbitre qui, en cas de division, s'en adjoindront un troisième, lesquels décideront sans appel et en dernier ressort sur la question de dommages-intérêts qui reviendraient à la partie lésée. Ils pourront même au besoin annuler le présent traité.

« Fait en double entre les parties, à Paris, le quatre juillet mil huit cent trente-six.

THOISNIER-DESPLACES, BOUTMY, CLEEMAN.

ÉM. DE GIRARDIN. »

Le but caractéristique de la fusion opérée se trouve expliqué dans les articles qui parurent à l'époque dans les deux recueils :

« Quant aux illustrations, disait *le Musée des Familles*, pour arriver à ne plus avoir de rivalité dans leur dessin et dans leur exécution sur bois, l'administration n'a point reculé devant les *sacrifices énormes* que lui présentait l'acquisition de *la Mosaïque*, seul journal qui, jusqu'à présent, eût obtenu quelque avantage sur *le Musée des Familles*.

« Les principaux dessinateurs et graveurs de *la Mosaïque* se trouvent donc attachés exclusivement désormais au *Musée*, et se réuniront aux autres artistes de ce journal pour contribuer à son succès. »

En même temps, *la Mosaïque* insérait les lignes suivantes dont le manuscrit, écrit tout entier de la main de M. H. Berthoud, rédacteur en chef du *Musée*, est entre nos mains :

« Il y a trois ans, lorsque *la Mosaïque* parut, ce qui lui valut un succès rapide et soutenu jusqu'ici, ce fut la simplicité élémentaire de sa forme d'enseignement et l'incontestable supériorité de ses gravures sur les autres publications du même genre. En effet, non-seulement *la Mosaïque* dut à ses belles illustrations des abonnés nombreux, mais encore plusieurs journaux étrangers firent l'acquisition de ses clichés. Ainsi, *pour la première fois*, on vit l'Angleterre emprunter des gravures aux magasins français, l'Angleterre qui jusque-là avait rendu la France et l'Allemagne tributaires de ses produits artistiques. . . . .

« En rencontrant un journal qui formulait si bien la pensée qu'elle voulait désormais exprimer, *la Mosaïque* n'a point hésité à se fondre dans *le Musée des Familles*, et à lui faire le sacrifice de son titre. Elle adopte le texte de ce journal, elle lui apporte en échange ses graveurs et ses dessinateurs. Le format du *Musée*, son exécution typographique, son papier, continuent merveilleusement d'ailleurs la collection de *la Mosaïque*.

« Donc, nous demandons à nos lecteurs de continuer au *Musée des Familles* la bienveillance dont ils ont si longtemps honoré *la Mosaïque*; ils trouveront dans la réunion des deux journaux les doubles éléments d'une publication, etc., etc. »

Aujourd'hui, après dix-sept années, les conventions verbales de 1836 sont demeurées la loi suprême des parties. Si, dans quelques détails de leur exécution, elles ont subi quelques interprétations et modifications, c'est toujours dans leur ensemble qu'il faut chercher la règle de tous droits et devoirs qui leur sont concédés ou imposés. C'est pourquoi nous devons apporter toute notre attention à expliquer nettement, clairement, quelle a été la commune intention des contractants, le sens qu'ils ont attaché au contrat, les suites qu'ils ont voulu lui donner d'après sa nature.

Remarquons tout d'abord qu'il ne ressort des conventions du 4 juillet 1836 aucun prix d'argent, une fois payé, pour la cession de la clientèle, de la liste des abonnements, de la correspondance du journal *la Mosaïque*. L'allocation mensuelle de mille francs n'en peut être considérée comme la représentation, puisqu'elle reçoit du contrat même une application spéciale à des choses devant servir à l'usage commun. C'est le prix du travail imposé aux vendeurs après la fusion. Le prix de la cession, il faut le chercher dans les droits et avantages réservés aux cédants, dans l'exploitation du nouveau *Musée des Familles*, et dès lors il importe de définir ces droits et avantages.

On a vu que tandis que *le Magasin Pittoresque* et *le Musée des Familles* allaient chercher leurs illustrations en Angleterre, *la Mosaïque* faisait exécuter ses gravures en France. Or, comme la gravure sur bois ou cuivre en relief a le privilège de pouvoir être reproduite autant de fois qu'on le veut par le moyen du clichage, *la Mosaïque* n'avait pas tardé à voir les éditeurs étrangers se disputer les empreintes similaires, ou clichés, de ses gravures, pour les intercaler dans des traductions ou textes étrangers. De là, pour *la Mosaïque*, une source presque imprévue de bénéfices. Ce sont ces bénéfices que, par la propriété des gravures et le droit de vente des clichés, les cédants de *la Mosaïque* voulurent se réserver.

Ainsi, par les conditions de la cession, deux parts distinctes furent faites désormais dans les profits de l'exploitation nouvelle ; aux propriétaires du *Musée* primitif les profits de l'exploitation en France du texte et des gravures ; aux cédants de *la Mosaïque*, l'exploitation hors France des gravures avec texte en langue étrangère. Là se trouvent les suites principales que les parties contractantes des conventions du 4 juillet 1836 ont entendu donner au contrat, les destinant à devenir, sous la protection d'une exécution loyale, la représentation du prix de la cession de *la Mosaïque*.

Nous disons les suites principales ; car les conventions verbales du 4 juillet 1836 eurent plus tard, pour nous, Lebrun, une conséquence que nous n'avions pas prévue, et qu'il est bon d'exposer dès à présent en regard des tendances de MM. Wallut et Cⁱᵉ, les propriétaires actuels du *Musée des Familles*.

Co-fondateur de *la Mosaïque*, Lebrun avait pris dans ses attributions spéciales la direction des dessins et gravures de *la Mosaïque*, et la surveillance de l'impression. Semblable mission lui fut imposée près du *Musée des Familles*. Il l'accepta comme une obligation commerciale, attachée seulement à la propriété de la chose et transmissible avec elle. Son erreur fut grande ! Devenu acquéreur des droits de ses co-associés, quand il voulut céder à son tour, il lui fallut reconnaître, sous peine de voir lui échapper sa propriété, que, par la cession de *la Mosaïque*, il avait attaché à toujours son concours personnel à l'exécution des gravures du *Musée* et à la surveillance de son impression. On croira facilement que cette *suite*, imposée à Lebrun, a exercé une certaine action sur ses projets et sur son avenir.

Les explications que nous venons de donner sur le sens et les effets naturels et forcés des conventions du 4 juillet 1836 ne reposent pas sur une vaine argumentation. Elles ont pour elles la définition conforme et la sanction de jugements et arrêts qu'il est de notre devoir comme de notre intérêt de reproduire.

Parce que seul, parmi les propriétaires-associés de *la Mosaïque*, Lebrun était tenu, après la fusion, de soins personnels, il se décida à désintéresser ses co-associés. Ce qu'il avait acquis et ce qu'il possédait en propre, il voulut ensuite le céder à un sieur Duru. A peine cette cession est-elle connue, qu'une action est portée par les propriétaires d'alors du *Musée des Familles* devant un tribunal arbitral, à fin de résiliation des conventions verbales du 4 juillet 1836. Grand embarras de Lebrun, dont la vente est consommée. Son acquéreur vient à son aide.

Le 30 novembre 1842, le tribunal arbitral statue en ces termes :

« En ce qui touche la cesssion faite par Lebrun à Duru, de tous ses droits sur la fourniture des gravures du *Musée des Familles :*

« Attendu, en droit, que cette cession ne pourrait être admise qu'autant que les conventions verbales arrêtées entre Lebrun et le *Musée des Familles* n'auraient pas été faites en considé-ration de la personne de Lebrun ;

« Qu'il résulte des termes de ces conventions verbales, sur lesquelles les parties sont d'ac-cord, autant que de leur esprit, que les propriétaires du *Musée des Familles* ont eu en vue la personne de Lebrun, dont ils connaissaient et l'activité et l'aptitude spéciale ; que c'est, selon eux, à la coopération de Lebrun, et particulièrement à ses soins, qu'était due la bonne con-fection des gravures de la *Mosaïque ;*

« Que si Lebrun pouvait céder ses droits, et par conséquent devenir étranger à la confection des gravures, il n'aurait plus au succès de ces gravures l'intérêt qui est la seule vraie garantie, pour le *Musée des Familles*, de leur bonne exécution ;

« Mais attendu, en fait, que le sieur Duru a signifié aux propriétaires du *Musée des Familles* son désistement, et qu'il a renoncé au bénéfice de la cession dont s'agit ; que dès lors il n'y a plus lieu d'examiner si cette cession fait grief aux propriétaires du *Musée des Familles*, et si elle doit amener une condamnation à la résiliation du traité verbal ; que cette rétrocession, acceptée par Lebrun, ainsi qu'il résulte de ses conclusions ci-annexées, met les parties au même et semblable état que devant ;

« Par ces motifs, déclarons ledit Piquée non-recevable, etc. »

Ainsi Lebrun n'échappe aux conséquences désastreuses d'un acte qu'il s'était cru le droit d'accomplir, que par le désistement de son acquéreur.

En 1849, MM. Wallut et Cie sont devenus les propriétaires du *Musée des Familles*, sous l'obligation d'exécuter diverses charges.

« Une de ces charges, disent-ils dans un factum imprimé en avril 1850, était le traité « Lebrun, que MM. Wallut et Ce s'engagèrent à exécuter jusqu'au 1er juin 1850, terme de la « durée de la société précédente, *en faisant insérer* dans le cahier des charges *toutes leurs* « *réserves* pour examiner, au delà de ce terme, l'origine, la légalité et la prétendue perpétuité « du traité *Cleeman*, Thoisnier-Desplaces et Lebrun. »

Le 2 juillet 1850, ils demandent au tribunal de Commerce en vertu de ces réserves faites alors qu'étrangers au *Musée*, toute immixtion dans ses affaires devait leur être interdite, de déclarer éteintes les conventions du 4 juillet 1836, et d'ordonner la remise entre leurs mains des bois et gravures dont ces conventions reconnaissent Lebrun propriétaire.

Le 1er août suivant, le tribunal statue en ces termes :

« Attendu que par conventions verbales du 4 juillet 1836, Thoisnier-Desplaces, alors co-pro-priétaire et exploitant avec Lebrun et un sieur Cabanes, d'un journal intitulé *la Mosaïque*, en a fait cession, tant en son nom personnel que comme se portant fort de Lebrun et Cabanes, à Émile de Girardin, Boutmy et Cleeman, en leur qualité de propriétaires et membres du conseil de gérance du journal *le Musée des Familles*, publié, comme celui cédé, depuis 1833, ensemble la clientèle, les listes d'abonnement, la correspondance, etc., de *la Mosaïque*, qui devenaient ainsi la propriété du journal *le Musée des Familles*; que par la condition de cette cession, Thoisnier-Desplaces, moyennant douze mille francs par an que lui paierait l'administration du journal *le Musée des Familles*, restait chargé de faire dessiner et graver toutes les gravures nécessaires à l'exploitation de ce dernier journal, dont le nombre, tant grandes que petites, ne pouvait être plus de 12 par mois ou 144 par an,

« Qu'elles devaient être aussi remarquables par leur perfection que celles employées par *la Mosaïque* dans les derniers mois ;

« Que les gravures seraient la propriété de Thoisnier-Desplaces, sauf l'obligation d'en fournir des clichés au journal pour tous les tirages qui seraient nécessaires, ou les gravures elles-mêmes, si la perfection était plus grande avec elles ; il a été réservé à Thoisnier-Desplaces le droit de prendre autant de clichés qu'il voudrait de chaque gravure et de les vendre ou céder à toute publication faite à la fois hors de France et en langue étrangère ;

« Que le *Musée des Familles* servirait chaque année cent abonnements à Thoisnier-Desplaces ;

« Que Lebrun se chargerait personnellement de veiller à la confection des tirages et qu'il pourrait, s'il le jugeait convenable, changer l'imprimeur ; qu'enfin chaque journal conserverait la propriété de ses gravures et clichés des années de publication antérieures à ladite convention ;

« Attendu que s'il ne ressort de ces conventions aucun prix d'argent une fois payé pour la cession de la clientèle, de la liste des abonnements, de la correspondance, etc., du journal *la Mosaïque*, c'est que la compensation en faveur des cédants se trouve dans les droits et avantages qui leur sont réservés par la suite dans l'exploitation du journal *le Musée des Familles ;* que l'intention des parties a été la fusion de deux journaux concurrents, nés semblables ;

« Attendu que les conditions du travail imposées à la jouissance des avantages réservés au défendeur font de ces avantages une coopération réelle de sa part à l'exploitation du journal conservé ; que depuis la convention ce journal, résumant en lui sa propre valeur primitive et celle de la *Mosaïque*, qui y a été jointe, est depuis cette époque la représentation des deux intérêts contractants dans les limites et sous des formes déterminées d'un commun accord, et qu'ainsi la position du défendeur est liée à l'existence du nouveau journal et indépendante du possesseur de ce journal, les obligations étant prises pour la chose ne prennent fin qu'avec elle : cela explique pourquoi il n'a pas été fixé de durée à la convention ;

« Attendu que chaque vente dont le journal a été l'objet a eu lieu avec les charges et avantages qu'il avait acquis par le traité verbal de 1836 ; c'est ainsi que, en effet, l'exécution de ces conventions a été entendue par les diverses sociétés qui se sont succédé dans l'exploitation ; que, notamment, la vente faite en 1840 a eu lieu à la charge d'entretenir et continuer cette convention aux risques et périls de l'acquéreur, sans indication de durée de cette obligation ;

« Attendu que les demandeurs ne l'ont pas ignoré, puisque les documents d'où ce fait ressort sont produits par eux ; que Lebrun, par acte extrajudiciaire transcrit et annexé au procès-verbal des enchères de l'adjudication par suite de laquelle ils sont devenus propriétaires dudit journal , a demandé que les termes mêmes de la convention du 4 juillet 1836 y fussent rapportés ;

« Attendu que si l'article 2 du cahier des charges n'impose aux demandeurs que jusqu'au premier juin mil huit cent cinquante l'obligation d'exécuter diverses conventions verbales énumérées, et au nombre desquelles se trouve celle du 4 juillet 1836, il faut reconnaître que, par le même article, il a été fait des réserves pour celles de ces conventions qui ne seraient point encore expirées à ladite époque, et il a été dit que les éventualités des contestations auxquelles ces dernières pourraient donner lieu resteraient aux risques et périls des adjudicataires, qui en feraient leur affaire personnelle ; qu'il n'y a donc pas lieu de faire droit à la demande de MM. Wallut et Cᵉ, tendant à déclarer éteintes les conventions verbales rapportées, ni à celle en remise, par Lebrun, des bois et cuivres des gravures qui , en tout cas, sont la propriété des cédants, sous réserve de l'usage par le journal le *Musée des Familles* ;

« Par ces motifs, le tribunal déclare Wallut et Cᵉ mal fondés en leur demande, les en déboute et les condamne aux dépens, etc. »

Appel de la part de MM. Wallut et Cⁱᵉ ; arrêt confirmatif le 3 avril 1851.

Nous n'ajouterons aucune considération à ces jugement et arrêt, ce serait en amoindrir l'importance ; mais qu'il nous soit permis toutefois de nous féliciter de ce qu'après quinze années, la pensée, les intentions des contractants du 4 juillet 1836 soient si fidèlement rendues par les juges.

Nous n'avons envisagé jusqu'ici les conventions du 4 juillet 1836 que dans leur principe ; nous allons maintenant en suivre l'exécution ; c'est déjà entrer dans le vif du débat, car aujourd'hui il ne s'agit plus que de faits d'exécution, les principes étant à l'abri de toute atteinte.

De 1836 à 1842, cette exécution ne donne lieu à aucune difficulté sérieuse. Il y a bien par-ci par-là quelques tiraillements quant à la dimension des gravures que Lebrun est tenu de livrer ; mais tout se passe à l'amiable. Dès 1840, à la société Desrez et Cⁱᵉ , liquidatrice de la société Émile de Girardin , a succédé la société Piquée et Cⁱᵉ. En 1842, celle-ci, excitée par les progrès de son rival, *le Magasin Pittoresque*, veut entrer en lutte et soutenir la concurrence. Pour cela, elle ne voit rien de mieux à faire que d'augmenter le nombre de ses gravures, et elle entend faire exécuter elle-même ces gravures de surplus.

Mais Lebrun a le privilége exclusif de la fourniture des gravures ; le nombre qu'il doit livrer est limité à un maximum annuel de cent quarante-quatre ; à lui seul est dévolue la propriété, la vente des clichés des gravures publiées dans le *Musée des Familles :* ces droits et ces avantages, qui représentent le prix de la cession de la *Mosaïque*, ne seront-ils pas atteints par la mise à exécution des projets de la société Piquée et Cⁱᵉ?

D'un commun accord, les parties portèrent cette question devant un tribunal arbitral amiable compositeur, jugeant en dernier ressort.

Devant ce tribunal, qui comptait parmi ses trois membres le directeur gérant de *l'Illustration*, expert en la matière, Lebrun soutint que l'autorisation réclamée par Piquée et Cⁱᵉ porterait, si elle était accordée sans conditions, la plus grave atteinte à l'esprit d'équité qui avait présidé aux conventions du 4 juillet 1836; qu'elle détruirait entre ses mains la vente des clichés, ou tout au moins qu'elle viendrait l'entraver.

Le nombre, la dimension, la nature variée des sujets des gravures qu'il doit livrer, disait Lebrun, sont déterminés et réglés, en quelque façon, par le mode de publication du *Musée des Familles*, par le plan imprimé à sa direction. De même que Lebrun reçoit une allocation mensuelle régulière, de même la livraison de gravures qu'il est tenu de faire doit rester régulière. Où est la garantie de cette régularité, si ce n'est dans la publication elle-même, dans ses besoins, dans sa nature? Que cette garantie n'existe plus, il arrivera ceci :

Le *Musée* demandera à Lebrun un nombre moindre de gravures, mais de dimension plus grande, et complétera la quantité mensuelle promise à ses abonnés par les gravures supplémentaires qu'il aura fait exécuter.

Dans la distribution des planches, il s'attribuera les plus intéressantes ou les plus faciles, et laissera à Lebrun la confection de celles qui seront d'un intérêt médiocre, et de plus difficile exécution.

Il retardera la publication des gravures qu'il aura demandées à Lebrun, et pendant ce temps il publiera celles qu'il aura fait faire.

Il retiendra celles-ci en sa possession; il en refusera les clichés à Lebrun.

De là de graves conséquences contre Lebrun :

1° Le nombre restreint des gravures lui offrira moins de chances pour la vente des clichés, qu'il n'en trouverait dans un plus grand nombre;

2° D'un moindre intérêt, les clichés ne tenteront plus autant les acheteurs;

3° Tant que la publication des gravures fournies par Lebrun n'aura pas lieu, les demandes de clichés seront suspendues, sinon absolument empêchées;

4° Tous ces dommages seront soufferts par Lebrun au profit de la société Piquée, par cette raison que la vente des clichés qui échappera à Lebrun se reportera sur leurs gravures particulières;

5° En outre encore, Lebrun ne possédant qu'une partie des gravures du *Musée des Familles*, une autre partie de ces gravures restant la propriété de Piquée, il ne pourra plus vendre la collection entière des clichés que sous le bon vouloir de cette société, et à telles conditions qu'il lui plaira de lui imposer.

Certes, Lebrun ne s'opposera pas à ce que le *Musée* progresse; il est lui-même intéressé à ce progrès; mais il s'oppose à ce qu'il se fasse à ses dépens.

Après de longs et sérieux débats, le tribunal arbitral statua en ces termes :

« Attendu que le nombre des gravures à publier dans le *Musée des Familles* n'a été fixé à 12 par mois que dans le but exclusif de limiter à ce chiffre la quantité qui pourrait être exigée de Lebrun; qu'il n'a pu entrer dans l'esprit d'aucune des parties contractantes d'imposer au *Musée des Familles* l'obligation de restreindre pour toujours, et dans tous les cas, la publication à ce nombre de 12; qu'une pareille condition est incompatible avec les exigences que fait naître la publication rivale du *Musée*, le *Magasin pittoresque*, qui publie quelquefois 20 ou 25 gravures par mois, et la nécessité d'adopter des améliorations successives;

« Attendu néanmoins qu'il est *de toute justice* de ne point entraver le droit reconnu et attribué à Lebrun de vendre à son profit seul la collection complète des clichés du *Musée des Familles;* que ce droit serait paralysé dans son entier si les clichés excédant le nombre de 12, fournis par Lebrun, pouvaient être retenus par le sieur Piquée, ou cédés à Lebrun à un prix fixé par ledit sieur Piquée (suivent des considérants sur faits hors de discussion, la remise et l'indication des modèles)...;

Attendu que les parties sont d'accord sur la dimension des gravures à fournir par Lebrun;

« Par ces motifs, le tribunal arbitral dit :

« Que le sieur Piquée pourra publier un nombre indéterminé de gravures, pourvu que, sur le nombre des gravures publiées par mois, *il y en ait* 12 *fournies par Lebrun;*

« Que le sieur Piquée pourra publier les gravures fournies par Lebrun quand et aux époques qu'il jugera convenables;

« Que les clichés des gravures excédant le nombre de celles fournies par Lebrun seront tenus à la disposition de Lebrun, moyennant un prix de forfait de 10 fr. par cliché, quelles que soient d'ailleurs la dimension et l'importance de la gravure;

« Que ces clichés ne pourront être vendus à aucune autre personne sans le consentement de Lebrun, qui restera libre néanmoins de les acheter, sans que Piquée puisse jamais lui imposer l'obligation de les prendre même au prix ci-dessus fixé, étant bien entendu que ces clichés de surplus devront toujours, et suivant le désir de Lebrun seul, suivre le sort des clichés par lui fournis, afin de compléter sa collection;

« Dit que lorsqu'il s'agira de sujets à composer, Piquée sera tenu de l'indiquer seulement, sans être tenu de fournir de dessin; que lorsqu'il s'agira d'un sujet à copier à Paris, Piquée devra indiquer à Lebrun le lieu où il se trouve, et lui en procurer l'accès sans que ce dernier ait aucuns frais à faire pour mettre le sujet sous les yeux de son dessinateur; dit que le sujet devra être fourni tout dessiné à Lebrun, lorsqu'il se trouvera dans une collection ou dans un livre, si mieux n'aime Piquée procurer à Lebrun le livre ou la collection ; dans le cas où le sujet serait hors Paris, Piquée devra en fournir la copie à Lebrun, sauf à celui-ci à se charger de la réduction, si le dessin fourni n'était pas dans les dimensions que devront avoir les 12 gravures à fournir par Lebrun, ainsi qu'il est dit dans leurs conclusions, c'est-à-dire que lesdites gravures ne pourront dépasser un espace calculé sur les gravures des derniers mois de la *Mosaïque,* mesurées seulement sur les parties gravées, consentant à ce que l'excédant d'un mois soit reporté sur l'autre pour faire le total annuel;

« Dit que les dépens seront compensés entre les parties.

« Signé : PAULIN, Ét. BLANC, ÉLIE BAUER. »

La sentence du 25 avril 1842 venait assurer l'exécution loyale des conventions du 4 juillet 1836, comme le jugement du 1ᵉʳ août 1850, que nous avons rapporté, devait plus tard en rétablir le principe méconnu par Wallut et Comp.

C'est quelques mois après cette sentence que se présenta l'incident de la vente de Lebrun à Duru, dont nous avons déjà expliqué les effets.

Attaché désormais au *Musée* par des liens indissolubles, mais dégoûté des procès, dès le 8 décembre 1842, Lebrun se hâte d'abandonner volontairement à la société Piquée, moyennant indemnité, l'exécution des gravures du *Musée,* se réservant toutefois la propriété desdites et la vente des clichés. Le 6 mars 1844, cet abandon est prorogé jusqu'au 30 septembre 1847 sous les mêmes conditions.

Alors, l'expérience tentée par l'administration du *Musée* n'a pas réussi ; elle a dépensé plus, elle n'a pas fait mieux ; elle est d'ailleurs sous le coup d'embarras pécuniaires très-graves, que la révolution de 1848 va grandir. Bientôt elle est réduite à suspendre ses paiements ; un sursis prolonge son existence, et elle se traîne péniblement, au milieu de saisies et de jugements, jusqu'en juin 1849, époque à laquelle le *Musée* est mis en vente, et MM. Wallut et Cie déclarés adjudicataires.

Le système de conduite mis en œuvre par MM. Wallut et Cie, depuis et même avant juin 1849, se lie tellement aux questions que le procès soulève, que nous ne devons pas le passer sous silence. L'exposé sommaire de leurs actes nous offrira d'ailleurs les moyens de faire justice de ces allégations mensongères qui, présentant Lebrun comme poursuivant la ruine du *Musée* pour s'emparer de ses débris, comme ne tenant compte, pour arriver à cette fin, ni de l'équité, ni des arrêts de la justice, le rendent suspect à ses juges, et détruisent moralement la force de ses raisons.

D'abord, il n'est pas vrai qu'à aucune époque le traité Lebrun ait nui à la prospérité du *Musée* ; il a dû nécessairement diminuer ses revenus en le privant du produit de la vente des clichés, puisque cette vente appartient à Lebrun ; mais il ne l'a jamais constitué en perte. Les désastres du *Musée* n'ont d'autre cause que les malversations de ses gérants. MM. Pitre Chevalier et Bougy, membres de la société Wallut et Cie, qui ont tenu un rôle actif dans les sociétés précédentes, ne l'ignorent pas. Mais poursuivons.

L'intervention de la société Wallut et Cie dans les affaires du *Musée des Familles* semble ne dater que du 29 juin 1849 ; mais, en fait, elle remonte à avril 1849. Alors la vente du *Musée* est faite à l'amiable à une société composée de MM. Wallut, Pitre Chevalier et Desrez, gérant de fait du *Musée*, remplacé depuis dans la société Wallut par M. Bougy, son gendre. Des tentatives sont faites près de Lebrun pour l'amener à faire partie de la société projetée. Il ne croit pas à la validité de la vente, pour laquelle tous les propriétaires-associés du *Musée* n'ont pas été consultés, et il refuse.

On ne tarde pas à reconnaître, en effet, que les craintes de Lebrun sont fondées, et on décide de recourir à une vente judiciaire. Sous le coup de nombreuses saisies, les administrateurs-gérants de la société demandent et obtiennent de la justice qu'il sera procédé par-devant notaire à la vente de la propriété du *Musée des Familles*. C'est la société Wallut et Cie, elle l'avoue elle-même (*voir page* 7), qui préside à la rédaction du cahier des charges... Le traité Lebrun y est simplement indiqué, sans détails. Il faut que Lebrun ait recours au ministère d'huissier pour le porter à la connaissance des adjudicataires ; c'est que déjà existait chez MM. Wallut et Cie, la pensée de le détruire, de le rompre, pensée que l'acte extrajudiciaire de Lebrun est venu empêcher de mettre à exécution (*voir jugement du 1er août* 1850, *pages 7-9*).

Le jour de l'adjudication, MM. Wallut et Cie se trouvent en présence d'un seul concurrent ; c'est Lebrun. La propriété du *Musée*, mise à prix à 40,000 fr., atteint le chiffre de 66,050 fr., outre les charges ; elle est adjugée à MM. Wallut et Cie.

Lebrun ne tarde pas à être instruit des dispositions de MM. Wallut et Cie à son égard. Attiré dans le cabinet de Me Chauveau, leur avoué, c'est celui-ci qui se charge de dérouler devant lui le sort qui l'attend, s'il prétend conserver une part de propriété dans le *Musée des Familles*. Tout sera mis en œuvre contre lui pour amener sa ruine. Si l'annulation du traité du 4 juillet leur est refusée par la justice, ils l'obtiendront de Lebrun lui-même, quand la misère dans laquelle ils l'auront plongé par leurs injustes exigences l'aura privé de tous moyens de résistance.

Il nous semble, après ces quatre années, que ces paroles retentissent encore à nos oreilles, tant l'impression que nous en avons ressentie a été vive et profonde.

Pour arriver à leurs fins, MM. Wallut et Cie se tracèrent dès lors un plan de conduite dont le succès leur parut assuré. Il consistait à augmenter les charges de Lebrun, en même temps qu'il restreindrait ses chances de profit.

Leurs principaux moyens furent d'abord la complication des listes, le choix de sujets d'exécution difficile, la demande anticipée de gravures, la non-publication des gravures livrées. Lebrun se plaignit vivement par lettres ; elles restèrent sans réponse. Pendant huit mois, il se soumit, tant il lui semblait dangereux d'entamer la lutte.

En mars 1850, il apprit l'existence d'une édition en langue espagnole du *Musée des Familles*, imprimée en France, mais destinée en réalité à être vendue en pays étrangers, c'est-à-dire là où Lebrun vendait lui-même les clichés de ses gravures. C'était détruire la source de ses revenus ; il saisit la justice d'une demande. C'était là ce qu'attendaient MM. Wallut et Cie, qui voulaient rejeter sur Lebrun l'initiative des hostilités judiciaires. Mais une fois la question posée sur ce terrain, leurs prétentions n'eurent plus de bornes. Pratique de quinze années, faits accomplis et consommés, contrats et jugements, ils méconnurent tout ; mensonges, calomnies, tout fut mis en œuvre contre Lebrun : les menaces de Me Chauveau commençaient à recevoir leur exécution. Il y a bientôt quatre ans que ce système dure ; les procès d'aujourd'hui ne sont que la continuation des procès de 1850 ; aussi, le rappel, l'examen des jugements intervenus pendant cette période sont indispensables dans la discussion des prétentions nouvelles de MM. Wallut et Cie, que nous allons réfuter dans l'ordre de leur présentation.

PREMIER CHEF DE DEMANDE.

8,020 fr. pour gravures que M. Lebrun n'aurait pas fournies, savoir :

1° 34 bois, soit 1,851 lignes de gravures pendant l'exercice 1er octobre 1847-30 septembre 1848 ;

2° 25 bois, soit 1,357 lignes de gravures pour exercice octobre 1848 à juin 1849.

Les 59 bois, soit 3,208 lignes de gravures, représentant en espèces 8,020 fr.

A l'égard de ce premier chef, MM. Wallut et Comp. supposent résolues en leur faveur les questions suivantes :

> 1° Leur substitution, comme résultant du cahier des charges, aux droits de la partie venderesse du *Musée des Familles*, même quant aux créances acquises à cette société au moment de l'adjudication ;
>
> 2° Un effet rétroactif, au profit de MM. Warin Arrachard, attribué à la nouvelle interprétation donnée par le jugement du 17 janvier 1851 à une clause séparée de la sentence arbitrale du 25 avril 1842, alors qu'à cette interprétation est attachée de droit l'exécution d'obligations édictées par la même sentence, desquelles obligations MM. Warin Arrachart n'ont été dispensés que par suite et à cause d'une autre interprétation librement choisie, loyalement pratiquée par les parties d'alors elles-mêmes.
>
> 3° Et, par suite, l'existence d'une créance quelconque sur Lebrun, au profit de MM. Wallut et Comp., du chef de la Société venderesse du *Musée des Familles*, bien que tous comptes entre elle et Lebrun aient été terminés à commune satisfaction.

Il devrait, certes, nous suffire de prouver que la forme même de la vente, que les termes mêmes du cahier des charges démentent la substitution invoquée par MM. Wallut et Cie ; que ce n'est qu'à l'aide de citations mutilées, tronquées, qu'ils ont pu établir des apparences en leur faveur ; mais ce serait de droit étroit, et quand, pour discréditer d'avance notre défense, nos adversaires nous présentent à nos juges comme étranger à toute idée de justice, c'est pour nous une obligation de soutenir notre cause, plus encore par des raisons d'équité que par des raisons de droit.

L'historique du jugement du 17 janvier 1851, si étrangement, si faussement expliqué et interprété par MM. Wallut et Comp., servira merveilleusement à démontrer de quel côté se trouvent la bonne foi, l'exécution fidèle, honnête des contrats.

Rappelons qu'aux termes des conventions verbales du 4 juillet 1836, Lebrun doit livrer au *Musée* un *maximum* de douze gravures par mois, soit cent quarante-quatre gravures par an.

> Le nombre des gravures grandes et petites que le *Musée* pourra exiger, *ne pourra être plus* de douze par mois, soit cent quarante-quatre par an.

Comme nous l'avons dit déjà, en 1842, l'administration du *Musée des Familles*, qui trouve ce nombre insuffisant, veut y joindre d'autres gravures exécutées à ses frais. Une sentence arbitrale l'y autorise, sous conditions réglementaires, et pour déterminer, d'une manière fixe, la dimension des douze gravures que Lebrun devra continuer de fournir personnellement chaque mois, elle décide :

> « Que lesdites gravures ne pourront dépasser un espace calculé sur les gravures des derniers mois de la *Mosaïque*, mesurées seulement sur les parties gravées, consentant à ce que l'excédant d'un mois soit reporté sur l'autre pour former le total annuel. »

La sentence rendue, les parties firent ce qu'elle leur prescrivait de faire; elles mesurèrent les gravures des derniers mois de la *Mosaïque* (mars à juin 1836) sur les parties gravées seulement; et le résultat ayant donné une moyenne mensuelle de 1,540 centimètres carrés, il fut convenu que la dette mensuelle de Lebrun, en gravures, serait désormais fixée à un maximum égal à 1,540 centimètres carrés de surface gravée.

Comment les parties avaient-elles procédé à cette opération? D'une façon bien simple, et qu'elles croyaient à l'abri de toute critique.

Les gravures de la *Mosaïque* étaient de dimensions variées, les unes occupant toute la largeur de la justification des deux colonnes du texte, les autres une partie de cette largeur, d'autres encore une colonne seulement. Pour déterminer la surface générale, elles mesurèrent la planche gravée, rien que la planche, car il leur avait paru, et avec raison, que les marges laissées par l'imprimeur à droite et à gauche de la gravure ou de la planche, n'étaient pas, ne pouvaient pas être des parties gravées. Ce mode était-il le plus convenable? c'est ce que nous n'avons pas à examiner ici; mais nous dirons, en réponse aux insinuations timidement perfides de MM. Wallut et Comp., qui attribuent la lacune de la sentence, quant à la prescription du mode de mesurage à suivre, *à des considérations personnelles, inutiles à rapporter*, qui nous accusent d'avoir voulu faire servir cette lacune à notre profit, nous leur dirons qu'il a été choisi rien que parce qu'il était rigoureusement vrai, et que de mai 1842 à janvier 1843 il a été appliqué sans donner lieu à difficulté.

Pour des causes que nous avons déjà rapportées, de janvier 1843 à septembre 1847, l'administration du *Musée* se charge de faire exécuter elle-même ses gravures.

En octobre 1847, ce soin incombe de nouveau à Lebrun. Dès lors aussi la sentence du 25 avril 1842 reprend son empire, et la quantité de gravures ou de surface gravée qui peut être exigée de Lebrun, en moyenne mensuelle, se trouve être, comme par le passé, de 1,540 centimètres carrés au maximum.

Remarquons que jusqu'ici le mot LIGNES n'a figuré dans aucun compte; car, il faut bien le reconnaître, Lebrun, aux termes des conventions premières, et selon la sentence même du 25 avril 1842, ne doit pas de *lignes de gravure*. Si le mot *lignes* s'est trouvé parfois sur les listes et programmes, c'est pour ordre, et seulement à l'effet d'indiquer clairement l'espace réservé dans le texte à la gravure. Comme désormais nous allons le voir apparaître dans des comptes, une explication à ce sujet devient nécessaire.

La réduction en centimètres carrés de la surface de chaque gravure exigeait d'ennuyeux calculs que les parties entreprirent d'éviter. Pour arriver à ce but, elles avaient sous la main une mesure-type; c'étaient les lignes de texte du *Musée*. Il ne fallait que déterminer en lignes l'équivalent des 1,540 centimètres carrés; les parties le firent et trouvèrent 330 lignes pleines. Dès lors, il fut convenu que le maximum de la dette en gravures, ou parties gravées, qui pouvait être exigé de Lebrun était rigoureusement représenté par 330 lignes de texte de toute la largeur de la justification du *Musée des Familles*. C'était là un maximum que le *Musée* avait le droit d'atteindre, mais qu'il était libre de réduire : pour mettre Lebrun à même d'arriver à une exécution meilleure, le *Musée* le réduisit à 300 lignes.

Ainsi la fixation de la dette de Lebrun à 300 lignes de gravures n'a pas été le résultat d'une erreur, ni le fait d'une surprise ; ç'a été un acte sérieux, honnête, et si MM. Wallut et Comp. sont parvenus à rendre cette fixation suspecte aux juges, ce n'est qu'à l'aide d'habiles subterfuges, comme nous le démontrerons bientôt.

C'est sur cette base de 300 lignes de gravures par mois, qu'à part quelques exceptions en faveur de Lebrun, que celui-ci compense largement, se règlent les comptes entre le *Musée* et Lebrun, jusqu'au jour de l'adjudication du 29 juin 1849, au profit de MM. Wallut et Comp.

Les nouveaux propriétaires n'ignorent rien de ce qui a été dit, de ce qui a été fait ; le mode suivi jusqu'à eux ne soulève aucune réclamation de leur part ; ils le pratiquent dans des comptes provisoires, sur les listes et programmes pendant dix mois, quand tout à coup, alors que d'autres difficultés existent entre les parties, ils font signifier à Lebrun, en date du 8 mai 1850, les prétentions suivantes :

« Qu'ils entendent exiger de Lebrun la fourniture de 4800 lignes de gravures par année ou 400 lignes par mois, *sauf report d'un mois sur d'autres mois*.

« Que ce droit qu'ils prétendent avoir, de réclamer de Lebrun 4800 lignes de gravures par an, ne peut leur être *raisonnablement* contesté par le sieur Lebrun ; qu'il repose sur des vérifications faites dans les derniers numéros du journal *la Mosaïque*, c'est-à-dire sur ceux des mois de février, mars, avril, mai, juin et juillet 1836, et que le calcul de MM. Wallut et C° est *tellement juste* et tellement à l'abri de toute discussion possible de la part du sieur Lebrun, qu'il se trouve correspondre *exactement* à la manière dont ce dernier lui-même mesure les gravures fournies par lui auxdits sieurs Wallut et C°, pour établir le nombre de lignes dont il se prétend libéré envers ces messieurs et par suite de la livraison desquelles il réclame ses paiements.

. . . .

« Que les requérants entendent donc se réserver le droit, lors même que 400 lignes de gravures ne leur seraient pas fournies chaque mois, de faire en temps et lieu un calcul total, et d'exiger du sieur Lebrun qu'il leur tienne compte du nombre de lignes formant la différence entre celles fournies et le chiffre de 4800 par année ou 400 par mois. »

Lebrun a confiance dans son bon droit, dans l'équité de sa cause ; il laisse passer cette prétention sans réponse.

Le 22 mai suivant, sommation, par MM. Wallut et Comp. à Lebrun, d'avoir à reconnaître un compte de gravures livrées pendant l'exercice du 1er juillet 1849 (jour de leur entrée en possession) au 30 juin 1850 compris, dans lequel compte ces gravures, mesurées du sommet à la base, produisent 3,935 lignes, ce qui constitue Lebrun débiteur prétendu de 861 lignes de gravures.

A cette sommation, Lebrun répond instantanément, avant tout examen :

« Qu'il ignore absolument le compte qu'on lui signifie ; qu'il ne peut reconnaître d'autre compte que celui qui résulterait soit des conventions et transactions amiables des parties, soit des jugements arbitraux intervenus, la présente déclaration sous toutes réserves. »

Le 29 mai 1850, nouvel exploit de MM. Wallut et comp. Lebrun a pris plus ample connaissance du compte, et il répond au sujet d'une leste de gravures :

« Quant à l'indication du nombre de lignes, comme il paraîtrait que MM. Wallut et Comp. ne voudraient plus exécuter, comme ils l'ont fait jusqu'à la fin d'avril dernier, la convention amiable verbale intervenue entre la société du *Musée* et Lebrun, ce dernier déclare considérer cette indication comme devant servir seulement à déterminer la dimension de la gravure, entendant se réserver, s'il y a lieu, le bénéfice de la continuation de l'exécution par MM. Wallut et Comp. de la transaction amiable intervenue par suite du jugement arbitral du 25 avril 1842, laquelle n'est d'ailleurs que la traduction équitable de ce jugement, et qu'il entend que lors du compte annuel à intervenir entre les parties à cet égard, ce compte soit calculé selon les termes de la sentence arbitrale du 25 avril 1842.

Le 27 mai 1850, MM. Wallut et comp. assignent Lebrun devant le tribunal de Commerce, à fin de reconnaissance du compte signifié le 22 mai :

« Et à défaut par lui, ajoutent-ils, de se reconnaître débiteur de 861 lignes de gravures sur deux colonnes, pour complément de ladite année et de déclarer dans la huitaine du jugement à intervenir qu'il s'engage à fournir lesdites 861 lignes à la première réquisition des demandeurs, s'entendre condamner par le jugement à intervenir, et sans qu'il en soit besoin d'autre, et même par corps, à payer aux demandeurs la somme de 2152 francs, prix de ces 861 lignes ; voir dire que ces 2152 francs se compenseront jusqu'à due concurrence avec toutes sommes que les sieurs Wallut et Comp. auraient à payer au sieur Lebrun, et les autoriser en conséquence à retenir dans leurs mains et *pour garantie* jusqu'à la déclaration requise du sieur Lebrun, toutes sommes qu'ils lui devraient. »

Le tribunal renvoie les parties devant M° Dubrut, comme arbitre rapporteur.

Celui-ci, partant de cette idée que les habitudes de la typographie exigent que les planches soient à angles rectangles, et que la surface de la planche représente la surface de la gravure ou de la partie gravée, conclut à ce que Lebrun fournira annuellement 4,053 lignes, soit par mois 338 lignes. C'est le résultat obtenu par une opération confiée à un ouvrier typographe, « fort exact, fort capable, » opération dont M' Dubrut a revu le détail et qu'il trouve mathématiquement régulière.

Le débat ne porte pas sur le compte, malgré quelques erreurs qu'il renferme ; car le principe seul est en discussion.

Comment MM. Wallut et Comp. et M. l'arbitre rapporteur, procédant tous deux d'après les gravures de la *Mosaïque*, arrivaient-ils à un résultat si différent ? L'arbitre nous l'explique :

« Ils n'obtiennent (MM. Wallut et Comp.) ce résultat qu'en opérant le mesurage de la base au sommet de chaque gravure, sans s'occuper de la largeur de la gravure.... et en comptant comme lignes pleines celles qui ne sont qu'en partie gravées.

« Cette prétention, ajoute M° Dubrut, *en opposition flagrante avec les termes de la sentence*, doit être écartée. »

L'affaire est mise au délibéré au rapport de **M. Ledagre**, et le 17 janvier 1851, le tribunal statue en ces termes :

« Attendu que la contestation qui divise les parties se résume en deux demandes principales de Wallut et Comp., la première en restitution de 861 lignes de gravures d'après le compte calculé par les demandeurs à raison de 400 lignes par mois, soit en espèces, 2152 francs, payables en compensation par compte ; la deuxième en payement de 815 francs également en contestation pour 326 lignes de gravures, provenant d'un sieur Armengaud.

« Sur la première demande :

« Attendu qu'il n'est pas contesté que le prix des gravures doit se compter par lignes ; attendu que la sentence arbitrale du 25 avril 1842, sur l'interprétation de laquelle les parties ne sont point d'accord, et sur laquelle le défendeur base sa défense, a décidé que les gravures ne pourront dépasser un espace calculé sur celles des publications des derniers mois de la *Mosaïque*, mesurées seulement sur les parties gravées ;

« Attendu qu'il résulte de la sentence elle-même que cette décision a été prise sur l'accord des parties, quant à ce chef de leur contestation d'alors ;

« Que l'on conçoit qu'il n'y ait pas été apporté une explication plus complète, puisqu'elles s'entendaient entre elles ;

« Qu'il faut donc remonter à leur commune intention et à ce qui est rationnel ;

« Attendu que s'agissant d'un compte de lignes, on ne peut entendre par parties gravées que celles où le texte est supprimé pour faire place à l'image proprement dite du sommet à sa base, sans se préoccuper des blancs qui complètent son encadrement sur les flancs de droite et de gauche de ladite partie gravée ;

« Que c'est donc par lignes supprimées pour le besoin de l'impression de la gravure du haut en bas, en comptant une ligne supprimée de colonne de page pour une demi-ligne et deux lignes de colonne pour une colonne entière, selon que la gravure imprimée est contenue dans une seule colonne ou au milieu de la page sur deux colonnes, en raison de l'espace qu'exige son développement en largeur que le nombre de lignes doit être calculé ;

« Attendu qu'on entrerait dans un système de calcul impossible, commercialement parlant, si l'on voulait compter le nombre de lignes dues d'après la partie gravée découpée et en faire le carré, quels que fussent les accidents de ses contours, pour savoir ce qu'elle donnerait de lignes en superficie, selon la prétention interprétative de la sentence émise par le défendeur ;

« Attendu que la même impossibilité se présenterait encore, si l'on voulait calculer le nombre des lignes dues d'après les blancs contenus dans un certain encadrement, sous prétexte que lorsqu'il s'agit de gravures sur bois, ce sont les blancs que produisent les parties creuses du bois ;

« Que d'ailleurs il ne s'agit pas de planches dans l'espèce, mais de gravures imprimées ;

« Attendu que la seule interprétation admissible est donc que le compte de lignes dues doit se faire d'après le nombre de lignes du texte dont la suppression est nécessaire pour l'impression de l'image gravée ;

« Qu'un compte de lignes ne pouvant se faire que de bas en haut, il n'y a pas lieu de se préoccuper des espaces plus ou moins couverts de blancs ou de gravures à droite et à gauche pour faire ledit compte ;

« Attendu qu'il s'ensuit que la manière de compter du défendeur est vicieuse et qu'il doit aux demandeurs les 861 lignes réclamées par eux, soit 2152 francs en compensation par compte ;

« Sur le deuxième chef :

« Attendu que les demandeurs ont abandonné ce chef devant l'arbitre ;

« Qu'il n'y a pas lieu dès lors de s'en occuper ;

« Par ces motifs, jugeant en premier ressort ,

« Le tribunal dit :

« Que le compte de lignes dues doit et devra se faire par celui des lignes du texte supprimées pour faire place à l'image de son sommet à sa base, sans préoccupation des marges de droite et de gauche.

« En conséquence déclare le défendeur débiteur envers les demandeurs de 861 lignes de gravures, soit 2152 francs en espèces, qui seront à compenser par compte avec ledit défendeur.

« Dit qu'il n'y a lieu de statuer sur le second chef de demande.

« Donne acte aux demandeurs des réserves, etc.

« Condamne Lebrun aux dépens, etc. »

Sur l'appel de Lebrun, la Cour confirme, le 14 août suivant.

Ce jugement est regrettable, nous le répétons aujourd'hui, après trois années d'exécution pratique. Cela veut-il dire qu'il contient des dispositions contraires à l'équité ? Non, telle n'est pas notre intention ; mais il ne tient pas assez compte que, par le contrat des parties, tout droit a pour conséquence un devoir ; mais son application devait produire et a produit en effet des prétentions iniques dont le procès actuel ne dévoile qu'une partie, et dont l'effet serait de détruire et l'esprit des conventions du 4 juillet 1836 et l'autorité souveraine de JUGEMENTS passés en force de loi. Nous les verrons surgir dans l'examen des questions posées en tête de ce chapitre.

> 1° MM. Wallut et Comp. sont-ils substitués aux droits de la société Warin-Arrachard, quant à une prétendue action en répétition contre Lebrun ?

Cette substitution résulterait, selon nos adversaires, des articles 5 et 12 du cahier des charges annexé au procès-verbal d'adjudication du 29 juin 1849.

Si MM. Wallut et comp., au lieu de s'en tenir à des extraits infidèles, avaient exactement rappelé ces articles ; si leur attention s'était portée sur la forme de la vente, sur la désignation des objets vendus, sur *toutes* les charges et conditions de la vente et non sur quelques-unes ; en un mot, s'ils s'étaient davantage préoccupés des faits, nous osons espérer qu'ils nous auraient épargné les ennuis d'un long procès. Cet examen sérieux, attentif, qui était un devoir pour eux, nous allons le faire dans l'intérêt de notre défense.

Il est essentiel de remarquer tout d'abord que la vente du *Musée des Familles* n'a pas été un acte spontané des propriétaires ; elle a été poursuivie contre eux à la requête d'un créancier, le sieur Taveau, et elle a eu lieu à la suite de saisie mobilière, en vertu d'une ordonnance de référé ainsi conçue :

« Que les poursuites commencées à la requête du sieur Taveau seraient discontinuées, et que le sieur Taveau était autorisé à faire procéder dans le délai de quinzaine en l'étude et par le ministère de M⁰ Jozon, notaire à Paris, à la vente et adjudication sur une seule publication, en remplissant les formalités prescrites par la loi et sur la mise à prix de quarante mille francs, de la propriété du journal le *Musée des Familles*, ensemble les volumes et livraisons de cette publication, le mobilier et matériel servant à son exploitation, en la présence du sieur Worin-Arrachard, ou lui duement appelé, ce qui serait exécuté par provision, nonobstant appel.

cela exclut, selon nous, jusqu'à la possibilité de la cession de droits incorporels.

C'est l'avoué du créancier, M⁰ Pelard, qui dresse le cahier des charges sous l'inspiration avouée de MM. Wallut et comp. Ce n'est pas sa chose qu'il vend, c'est celle d'autrui. La désignation des objets compris en la vente sera faite avec d'autant plus de soin que la responsabilité sera plus grande.

Désignation des objets compris en la vente.

« 1⁰ La propriété du journal le *Musée des Familles*, lectures du soir, revue littéraire.

« 2⁰ Les numéros de ce journal et les volumes compris dans la saisie, ensemble ceux qui devront se trouver en magasin le jour de la vente.

« 3⁰ Tous les objets servant à sa publication, tels que clichés de texte, depuis l'origine, les bois et clichés des gravures des trois premiers volumes, *le droit à l'usage des bois et clichés des gravures depuis le tome quatrième jusques et y compris le tome seizième.*

« 4⁰ Et le mobilier, tels que bureaux, rayons appartenant à la société du *Musée des Familles*, suivant l'état qui sera annexé au procès-verbal d'adjudication.

Tout cela est clair, précis, et sera rendu plus clair encore par l'énoncé des charges et conditions de la vente.

Charges et conditions de la vente.

« Art. 1. L'adjudicataire prendra la propriété du journal le *Musée des Familles*, les volumes et numéros se trouvant en magasin, les clichés des textes depuis son origine jusqu'à ce jour, lesquels clichés se trouvent à l'imprimerie de M. Hennuyer à Batignolles, les bois et clichés des trois premiers volumes, *le droit de tirage sur les bois et clichés des gravures des tomes quatre à seize inclusivement*, se trouvant chez M. Lebrun, graveur de la société, ainsi que le matériel servant à son exploitation, appartenant à la société dans l'état où il se trouvera le jour de l'adjudication, sans aucune garantie.

« Art. 2. Il devra continuer et entretenir à ses risques et périls, de manière à ce que la société actuelle ne soit jamais inquiétée, et ce jusqu'à son expiration, c'est-à-dire le premier juin mil huit cent cinquante, tous traités qui ont pu être faits avec la société du *Musée des Familles*, notamment : 1⁰ le traité verbal fait avec M. Lebrun pour la gravure le 4 juillet 1836 ; 2⁰ le traité verbal fait avec M. Desrez pour l'impression ; 3⁰ le traité verbal fait avec M. Pitre Chevalier pour diriger la rédaction ; 4⁰ et enfin, le traité verbal fait avec M. Renilhac pour la fourniture du papier.

« Cependant à l'expiration de cette société, c'est-à-dire le premier juin mil huit cent cinquante, l'adjudicataire pourra, s'il le juge convenable, se pourvoir pour faire annuler ceux desdits traités qui ne seront point expirés, à ses risques et périls, de manière à ce que dans aucun cas la société ne soit aucunement inquiétée, ledit adjudicataire devant faire du tout son affaire personnelle.

« ART. 3. L'adjudicataire sera propriétaire du journal, des volumes et numéros en magasin depuis le commencement de sa publication, comme aussi de la collection des planches, gravures ou clichés appartenant à la société et désignés ci-dessus par le fait seul de son adjudication.

« Il entrera en jouissance du tout à partir de la même époque, à la charge toutefois par lui de remplir les formalités qui peuvent incomber à sa charge en exécution des lois.

« ART. 4. (Relatif à la patente, aux employés, au bail, etc.).

« ART. 5. L'adjudicataire devra supporter pour son compte :

« 1° Le service des abonnements des numéros de juillet, août, septembre, sans pouvoir rien exiger de la société du *Musée*, et au contraire à la garantir de tous droits et réclamations quelconques.

« 2° Les frais de fabrication généralement quelconques desdits numéros.

« 3° Le service du journal pour les numéros en question sans qu'il puisse être rien exigé des abonnements jusqu'à l'expiration des abonnements payés et réglés.

« 4° Et enfin, le service des abonnements qui auraient pu être donnés gratuitement pendant toute la société, desquels abonnements il sera joint un état au procès-verbal d'adjudication.

« L'adjudicataire sera subrogé aux droits de la société elle-même pour se faire remettre par qui de droit les livres d'abonnements et de correspondance de la société, les marchandises, clichés, dessins étant la *propriété* de la société, et qui deviendront la *propriété* de l'adjudicataire par le seul fait de son adjudication.

« ART. 6. Le prix des abonnements pris par les libraires, et non payés au jour de l'adjudication resteront la propriété de la société venderesse du *Musée* ainsi que toutes sommes dues pour les abonnements, encore bien qu'il y ait des numéros à fournir.

« ART. 7, 8, 9, 10, 11. (Sans intérêt pour le débat).

« ART. 12. L'adjudicataire sera tenu de payer à M. Best, graveur, les gravures faites pour la société et non encore employées, suivant les états joints au procès-verbal d'adjudication ; ces gravures seront payables dans le mois de l'adjudication, toutes les autres gravures non employées et les articles d'auteurs payés, seront sans indemnité la *propriété* de l'adjudicataire.

Certes, après la lecture attentive de tous ces articles, il ne peut rester le moindre doute que dans l'intention des vendeurs, à l'égard des traités ; le rôle des acquéreurs commence du jour de l'adjudication.

C'est ainsi, d'ailleurs, que l'ont pensé MM. Wallut et Comp. eux-mêmes, quand dans l'établissement de leurs comptes primitifs, lors de l'instance engagée le 27 mai 1850, ils ont pris pour point de départ, non pas le 1er octobre 1847, mais le 1er juillet 1849, c'est-à-dire le jour de leur entrée en possession. Alors, bien loin d'admettre qu'il y eût corrélation entre les deux sociétés, ils ont, à l'appui de leur système, détruit l'ordre méthodique, régulier des exercices annuels.

Mais MM. Wallut et Comp. ont des systèmes pour toutes les circonstances ; et le choix des moyens varie chez eux selon l'intérêt du moment. Par exemple, ici, faute de trouver de bonnes raisons dans la désignation des objets vendus, c'est-à-dire dans le bénéfice attaché à la vente, ils vont les chercher où ? dans les charges de la vente. Et comment procèdent-ils ? Par retranchement, par isolement, en présentant, comme un article complet, une explication qui n'est en quelque sorte que le corollaire de ce même article. Que MM. Wallut et Comp. nous permettent de le leur dire, cette façon de procéder n'est pas droite.

L'article 5 des charges imposées aux adjudicataires se compose de quatre paragraphes, suivis d'une explication. Or, c'est de cette explication seule que se sont emparés MM. Wallut et Comp., afin de tirer d'un cas tout spécial des conséquences générales. Au contraire d'eux, nous l'examinerons dans son ensemble.

L'article 5 ne crée pas aux adjudicataires des droits nouveaux autres que ceux désignés dans la vente; il a pour but unique de les mettre à même de remplir une charge qui leur est imposée, c'est-à-dire le service des numéros de juillet, août, septembre, aux abonnés de la Société venderesse. Comme ces numéros sont, lors de la vente, en cours d'exécution par les soins des vendeurs, l'article 5 subroge en conséquence l'adjudicataire à tous leurs droits pour se faire remettre les livres, marchandises, clichés, dessins leur appartenant, et qui ne se trouvaient pas en leurs mains. C'est ainsi que Lebrun lui-même, à raison du droit d'usage concédé à MM. Wallut et Comp. pour tout le tome XVI, a dû leur livrer, pour le tirage de ces mêmes mois, des gravures qu'il avait fait exécuter sur les listes et programmes remis par les vendeurs. S'il n'en eût pas été ainsi, la publication du *Musée* aurait été retardée et le service des abonnements interrompu. L'article 5 assurait à l'adjudicataire le bénéfice de l'exécution commencée dans un but spécial, désigné; il n'a pas d'autre sens.

Dans l'article 12, MM. Wallut et Comp. s'emparent de ce passage : *Toutes les autres gravures non employées seront sans indemnité la propriété de l'adjudicataire.* LA PROPRIÉTÉ DE L'ADJUDICATAIRE! mais il y a dans ces mots seuls la preuve évidente, palpable, que Lebrun et ses gravures n'ont rien à démêler avec cet article 12, et qu'ici encore aucune substitution n'existe en ce qui le concerne.

En effet, les gravures de Lebrun ne cessent dans aucun cas d'être sa propriété, et la Société venderesse, aussi bien que celle qui lui succédera, n'a et n'aura jamais sur elles qu'un droit d'usage. C'est ce qui est clairement expliqué par la désignation des objets à vendre et par l'article 1er des charges imposées à l'adjudicataire. Or, dès qu'il s'agit dans l'article 12 de gravures qui deviendront la *propriété* de la Société venderesse, il n'est donc pas applicable à des gravures dont Lebrun serait redevable, celles-ci devant rester sa propriété particulière dans tous les cas.

L'article 12 a son sens vrai, comme l'article 5. A côté des gravures de Lebrun, sur lesquelles le *Musée* n'a qu'un droit d'usage, il existait, au moment de la vente, des gravures Best, les gravures dites Armengaud, ces gravures achetées et dues ou payées par la Société venderesse. Ce sont ces gravures supplémentaires, dont les états étaient joints en partie, qui étaient destinés à devenir, par l'article 12, avec ou sans indemnité, la propriété de l'adjudicataire, comme elles étaient la propriété des vendeurs.

Voilà la vérité sur les articles 5 et 12, vérité que n'ignorent pas MM. Wallut et Comp., mais que l'appât d'un gain inique les porte à céler à la justice.

MM. Wallut et Comp., avec leur esprit inventif, chercheront-ils d'autres moyens dans l'article 2 du cahier des charges, qui impose à l'adjudicataire l'exécution du traité Lebrun? Nous le répétons, cet article ne dispose que pour l'avenir. Au jour de la vente, Lebrun avait satisfait à ses obligations vis-à-vis des vendeurs, dans des limites et sous l'empire de conditions loyalement arrêtées. Lorsqu'il n'eût pas été donné à MM. Warin-Arrachart de revenir sur les faits accomplis, il n'a pu appartenir aux créanciers de ceux-ci de transmettre ce droit, d'un exercice d'ailleurs impossible, comme nous le verrons, à MM. Wallut et Comp.

> 2° La substitution admise, par impossible, au profit de MM. Wallut le jugement du 17 janvier 1851 peut-il, en l'état, recevoir un effet rétroactif?
>
> 3° Et, par suite, peut-il exister en faveur de MM. Wallut et Comp., du chef de leurs vendeurs, une créance quelconque?

Le rapport qui existe entre ces deux questions nous fait une loi, pour simplifier notre examen, de les traiter ensemble.

Pour juger sciemment, sainement, de la réclamation de MM. Wallut et Comp., il faut se reporter à la situation des parties Piquée et Comp. et Lebrun, telle qu'elle existait en 1847-49, selon les conventions verbales du 4 juillet 1836, et la sentence arbitrale du 25 avril 1842. Or à cette époque, si on se le rappelle, la quantité de gravures à fournir par Lebrun au *Musée des Familles* n'était, ni de 300 lignes, ni de 400 lignes par mois. Cette quantité n'était pas déterminée. Le nombre de gravures *pouvait atteindre le maximum* de 144; leur dimension ne *pouvait dépasser* un espace calculé sur les gravures de la *Mosaïque*, mesurées sur les *parties gravées seulement*. En adoptant une mesure irrégulière, toute de convention, nullement obligatoire, le mot LIGNES, la société du *Musée* et Lebrun ont agi dans les limites d'un libre arbitre; ils ont pu, sans violer l'esprit des contrats, y attacher telle signification, en faire l'objet de telle compensation qu'ils ont jugées convenables: et ce n'est pas après qu'il y a eu consommation, qu'une interprétation postérieure peut avoir un effet rétroactif et réagir contre des actes librement accomplis, surtout dans des conditions de sacrifice mutuel.

Quelques explications sur les faits de cette période viendront corroborer nos dires.

Reportons-nous, par la pensée, en 1847-1848. On était dans des moments difficiles, le *Musée* doublement; tout service d'argent avait un grand prix.

La société du *Musée* devait payer, le 1ᵉʳ de chaque mois, à Lebrun, mille francs en espèces; celui-ci consentit à recevoir des règlements directs à deux et trois mois d'échéance.

Lebrun avait droit de recevoir 1,000 francs par mois. Le paiement n'a pas été parfait. La position du *Musée* devint tellement précaire en avril 1848, qu'il dut suspendre ses paiements et réclamer un sursis; Lebrun, créancier d'une somme relativement importante, consentit à recevoir en paiement, en lieu et place d'argent, des gravures achetées à vil prix, par le *Musée*, la plupart à l'époque où, du consentement de Lebrun, il faisait exécuter ses gravures des deniers abandonnés par celui-ci.

Pendant tout l'exercice 1848-49, Lebrun dut subir et des diminutions de paiements et des retards tels, que l'exécution des gravures ne lui fut possible qu'au prix de sacrifices.

Les livraisons mensuelles, au lieu de contenir 12 gravures de Lebrun, auquel cas seul le *Musée* était autorisé par la sentence à publier des gravures supplémentaires, soumises à un droit de clichage, continrent moins de 12 gravures fournies par Lebrun , et, en lieu et place, des gravures supplémentaires.

Les listes et programmes, qui devaient être remis au moins trois mois à l'avance, furent donnés tardivement la plupart du temps, de sorte que Lebrun dut faire exécuter les gravures dans un délai moindre que le délai d'usage, ce qui lui occasionna plus de dépenses.

Lebrun toléra que le *Musée* publiât des clichés déjà connus au lieu de gravures originales, concession nuisible à la vente de ses clichés.

Il permit que le *Musée* achetât d'un sieur Armengaud des gravures rejetées des *Vies des Peintres*, et consentit à les racheter avec bénéfice pour le *Musée*.

Tout cela se passa en famille, à l'amiable, à charge de juste réciprocité.

Si nous examinons maintenant quels ont été pour Lebrun les profits de cette réciprocité, nous trouverons qu'ils sont bien loin d'avoir l'importance que MM. Wallut lui attribuent dans un compte imaginaire. Cet examen sera d'autant plus utile, qu'il nous donnera l'occasion d'en finir avec cette deplorable équivoque, soulevée et entretenue avec tant d'artifice par MM. Wallut et Comp., sous le mot LIGNES, par un procédé opératoire en *opposition flagrante avec les termes de la sentence*. (Rapport de Me Dubrut.)

Le jugement du 17 janvier 1851, il ne faut pas l'oublier, dispose que dans le mesurage des gravures on ne se préoccupera pas des blancs de droite *et de gauche de la partie gravée*. Ce principe, en présence de la sentence qui a déterminé souverainement la somme comparative de parties gravées, ne peut être entendu que dans un sens général, c'est-à-dire qu'il s'applique également et simultanément aux gravures-types de la *Mosaïque*, et aux gravures que Lebrun doit livrer au *Musée*. Or, tout au contraire de ce jugement, lors du calcul fait en 1842 en centimètres carrés, et traduit pour la pratique en lignes en 1847, les deux parties s'étaient surtout préoccupées de ces *blancs de droite et de gauche*. Nous l'avons dit déjà, c'est par le retranchement même des marges, qu'on ne peut raisonnablement appeler des parties gravées, et non pas, comme le prétendent MM. Wallut et Comp., en découpant les contours des gravures, qu'elles sont arrivées à réduire relativement la hauteur des gravures de la *Mosaïque*; mais, par cela, elles n'avaient pas entendu diminuer la surface gravée ; il était bien loin de leur pensée d'admettre, par exemple, que Lebrun pourrait se libérer de 400 lignes de gravures de la *Mosaïque*, par la livraison de 330 lignes de gravures du *Musée*. Non, cela n'était pas ; les 330 lignes de gravures du *Musée* n'étaient substituées comme type-maximum de la surface gravée des 400 lignes de gravures de la *Mosaïque*, qu'autant qu'elles en seraient la représentation fidèle et exacte. En un mot, Lebrun était tenu d'ajouter, par la convention, à la largeur des lignes de gravures la même somme de parties gravées qu'il était autorisé à diminuer sur la hauteur. C'était une condition expresse, rigoureuse, et la surface de la partie gravée n'en devait subir aucune altération, aucune réduction.

D'après cela, ce n'est pas, on le voit, dans le principe du mesurage qu'il faut chercher la compensation accordée à Lebrun, en retour de l'abandon bénévole d'une partie de ses droits. C'est dans l'adoption du minimum de 300 lignes, en présence d'un maximum facultatif de 330 lignes, et encore dans l'acquiescement à une réduction de largeur dans la surface de quelques gravures (8 seulement pendant 21 mois d'exercice), réduction justifiée d'ailleurs par les accidents de l'exécution.

Parmi tous les faits que nous venons d'énoncer, il n'en est pas un seul dont nous ne puissions fournir la preuve par la correspondance échangée, par les règlements intervenus, par les listes remises, par les comptes balancés, entre la Société venderesse du *Musée des Familles* et Lebrun. Mais sommes-nous tenus à ces preuves vis-à-vis des étrangers Wallut et Comp., qui ne justifient pas même des paiements à la charge de cette société? Évidemment non. Nous l'avons dit, le compte de gravures qu'ils ont présenté est un compte imaginaire. Entre autres erreurs qu'il renferme, il suppose des paiements qui n'ont pas eu lieu (le paiement de 1,000 fr. par mois); puis il retranche du crédit de gravures de Lebrun qui les a acceptées en paiement, une quantité considérable de gravures (62) publiées en 1847-1849 (tomes XV–XVI du *Musée*), bien qu'un acte authentique, l'acte de vente du *Musée des Familles*, à MM. Wallut et Comp., du 29 juin 1849, constate que les gravures des tomes IV à XVI appartiennent à Lebrun. Est-ce qu'une discussion sérieuse peut s'établir utilement devant une telle ignorance, nous oserons dire volontaire, de faits aussi patents? Si la période d'octobre 1847 à juin 1849 du *Musée des Familles* doit donner lieu à des débats rétrospectifs, c'est avec les propriétaires d'alors qu'ils doivent s'agiter, et non avec MM. Wallut et Comp., qui n'ont participé à aucun des événements de cette période.

Nous terminons ce trop long exposé par une dernière considération.

Les conventions verbales de 1836, et la sentence arbitrale de 1842, n'ont pas seulement constitué des droits aux parties : à côté et comme conséquence de ces droits, elles leur ont imposé des devoirs relatifs; par exemple si, dans la période d'octobre 1847 à juin 1849, Lebrun pouvait être tenu de livrer au *Musée des Familles* l'usage d'un maximum de gravures, facultatif d'ailleurs, le *Musée*, de son côté, était tenu de les publier dans la même période, et Lebrun aurait ainsi trouvé la compensation de ses dépenses dans la propriété des gravures et dans la vente des clichés. Or, par cela même qu'il a plu au *Musée* de s'affranchir d'un devoir rigoureusement prescrit par la sentence de 1842, et de priver Lebrun de profits légitimes, il a renoncé à exercer le droit attaché à ce devoir. Si une autre pensée pouvait prévaloir, si des actes volontairement arrêtés, régulièrement consommés, sur la base de sacrifices, réciproques, si l'on veut, venaient à être détruits, il y aurait lieu à des répétitions nombreuses pour violation d'obligations, et nous faisons subsidiairement, très-subsidiairement, toutes réserves à cet égard.

DEUXIÈME CHEF DE DEMANDE.

2,562 fr. 50 c. pour 2 bois, soit 1,025 lignes de gravures que Lebrun aurait fournies en moins du 1ᵉʳ juillet 1850 au 30 septembre 1851.

Remarquons, en passant, que la demande de MM. Wallut et Comp., est, comprise à la lettre, d'une exécution impossible. En effet, comment repartir en deux bois une surface gravée égale à 1025 lignes, quand les plus grandes gravures du *Musée des Familles* ne comportent qu'une surface égale à 66 lignes? Mais MM. Wallut et Comp. ont entraîné la justice dans une erreur nouvelle, et cette impossibilité matérielle est couverte par une nouvelle interprétation de l'interprétation déjà faite par le jugement du 17 janvier 1851 de la sentence souveraine du 25 avril 1842. Expliquons cela.

Dans l'introduction de l'instance résolue par le jugement du 15 janvier 1851, MM. Wallut et Comp., s'ils n'avaient pas respecté l'équité, avaient du moins respecté le Code civil. En présence de la prohibition de l'article 1291, ils n'avaient pas prétendu qu'ils pouvaient compenser leur dette *en espèces* contre la dette de Lebrun *en gravures*, alors surtout que ces gravures demeurent toujours la propriété de Lebrun, et qu'eux, Wallut et Comp., n'en ont que l'usage, usage obligatoire comme la livraison. En conséquence, ils avaient réclamé d'abord la fixation de la quotité exigible de la dette de Lebrun en gravures; la condamnation en espèces à compenser ne devait venir qu'après, et seulement comme garantie, à défaut de déclaration de reconnaissance de la dette et d'obligation de la livrer, auquel cas MM. Wallut et Comp. seraient autorisés à la faire exécuter aux risques et périls de Lebrun (art. 1144). Par ces mots du dispositif du jugement du 17 janvier 1851 :

« Déclare le défendeur débiteur envers le demandeur de 861 lignes de gravures, soit 2,152 en espèces, qui seront à compenser par compte avec ledit défendeur. »

Lebrun n'avait pas cru que la position acceptée par les parties elles-mêmes, parce qu'elle était la conséquence naturelle de la loi et de la convention, pût être modifiée, et comme la fixation et la déclaration de reconnaissance de la dette en gravures étaient le fait principal invoqué à sa charge, que l'évaluation en espèces était le fait secondaire, qui ne pouvait devenir obligatoire que sur son refus de livrer, il lui avait semblé que l'alternative ou la supposition, comme on voudra, établie par le mot SOIT dans le jugement du 17 janvier 1851 entre la dette en gravures, déclarée être de 861 lignes, et la somme représentative, soit 2152 francs, devait s'appliquer de préférence à la chose principale plutôt qu'à la chose secondaire. C'est pourquoi, dans la huitaine de la signification de l'arrêt de cour d'appel confirmatif du susdit jugement du 17 janvier 1851, le 16 octobre, il fait signifier à MM. Wallut et Comp., sous toutes réserves quant aux erreurs qui peuvent exister dans le compte, et aux répétitions auxquelles il peut donner lieu :

« Qu'il s'engage à fournir lesdites 861 lignes de gravures à la requête des demandeurs dans les délais d'exécution prescrits par les conventions des parties. »

De même, comme il paraissait à Lebrun que la corrélation d'ordre entre la livraison mensuelle des gravures et les paiements mensuels, établie par les conventions primitives, devait subsister après le jugement du 2 mai 1850, c'est-à-dire, par exemple, que chaque paiement d'un exercice devait correspondre à chaque livraison de ce même exercice, comme il avait été fait jusqu'alors, il lui semblait aussi que, dès qu'il avait plu à MM. Wallut et Comp. de demander quatre mois avant l'époque fixée pour leur paiement les 12 gravures afférentes au paiement mensuel du 1er novembre, ce paiement devait être fait lors de leur livraison exigée pour le 1er octobre.

En conséquence, il assigne MM. Wallut et Comp. devant le tribunal de commerce, à fin de paiement de 3,000 francs échus les 1ers août, septembre et octobre précédents, retenus par MM. Wallut et Comp., et en paiement des mille francs correspondant à la livraison anticipée de gravures.

Sur cette demande, le 25 novembre 1851 intervient le jugement suivant :

« Après en avoir délibéré,

« En ce qui touche la demande de paiement de trois mille francs,

« Attendu que, par conventions verbales qui remontent au 4 juillet 1836 et qui liaient les parties, Lebrun réclame paiement d'une somme de mille francs qui lui est attribuée mensuellement pour les gravures qu'il doit fournir au *Musée des Familles*, et ce pour les mois échus les 1er août, septembre et octobre derniers ; que Wallut et Comp. opposent à cette demande trois chefs de compensation que le tribunal doit examiner ;

« Sur le premier chef,

« Attendu que, par jugement du 17 janvier 1851, confirmé purement et simplement par arrêt de la cour d'appel du 14 août dernier, Lebrun a été condamné, en règlement de litige qui existait alors entre les parties, à tenir compte aux défendeurs de huit cent soixante et une lignes, soit deux mille cent cinquante-deux francs espèces à compenser par compte ; attendu que cette compensation n'a pas eu lieu jusqu'alors à cause de l'appel pendant ; que Wallut et Comp. prétendent imputer ces 2,152 francs sur la somme qui leur est aujourd'hui réclamée ; que Lebrun, de son côté, soutient que cette disposition du jugement implique en sa faveur la faculté de se libérer en lignes de gravures ou en espèces ; attendu que cette interprétation n'est conforme ni à l'esprit, ni au texte du jugement ; que, dans les motifs ni dans le dispositif, aucune option ne lui est réservée, et que le nombre de lignes est établi seulement pour amener la fixation de la somme qu'elles doivent produire et dont la *compensation par compte* est ordonnée ; qu'il s'ensuit que la prétention de Lebrun est inadmissible et qu'il doit compte des 2,152 francs en espèces ;

« Sur le deuxième chef,

« Attendu que 326 lignes de gravures dites Armengaud avaient été laissées en dehors du compte par le jugement précité ; qu'il a été établi au délibéré et reconnu, d'accord entre les parties, que Lebrun les doit à Wallut et Comp. à raison de 2 francs la ligne, soit 652 francs, et ce avec la condition expresse que sur ces gravures, *une fois qu'elles ont été payées et passées à son débit*, il possède le même droit de suite et de vente des clichés qui lui est attribué par les conventions verbales du 4 juillet 1836 sur celles qu'il a fournies lui-même; qu'il s'ensuit que, sous réserve de ce droit, il doit encore *compte en compensation* de six cent cinquante-deux francs sur le deuxième chef;

« Attendu que, par le jugement du 17 janvier 1851, interprétatif d'une sentence arbitrale du 26 avril 1842, enregistré, il a été statué entre les parties sur la valeur en lignes d'impression de la superficie des gravures; que, par cette décision, il est devenu constant, ainsi que cela avait été toujours pratiqué antérieurement par Lebrun lui-même, qu'un compte de lignes doit être fait annuellement entre les parties; que les bases de ce compte, quant aux prix à attribuer à la ligne et au nombre de lignes dues, ont été souverainement déterminées, soit 4,800 lignes à raison de 2 francs 50 centimes; attendu que, d'autre part, il reste stipulé dans les conventions verbales et établi par la sentence arbitrale sus-mentionnée, que les gravures, grandes ou petites, exigibles de Lebrun, sont expressément limitées à 144 par an, sauf un faible revirement d'un mois sur l'autre dans la division du cours de l'année; attendu qu'il est impossible de considérer cette fixation autrement que comme un maximum qui ne saurait être dépassé sans l'assentiment formel de Lebrun; attendu encore que, dans lesdites conventions, un prix de 12,000 francs à forfait est aussi arrêté; attendu qu'en présence de la difficulté de concilier ces trois conditions de la quantité des lignes fixées annuellement à 4,800 au prix de 2 francs 50 centimes; du nombre de gravures arrêté à 144 lorsque la nécessité de la composition et de la publication entraînent impérieusement la division de ces gravures en dimensions très-différentes, et enfin du prix à forfait de 12,000 francs par an, il devient nécessaire de déterminer comment le compte annuel devra se régler entre les parties; attendu qu'il convient de décider en conséquence que, si un plus grand nombre de gravures a été jusqu'alors demandé et exécuté, l'obligation de Lebrun, quant au nombre finissant à la 144e, ce qu'il a pu fournir en sus devra être à valoir sur l'année suivante; *qu'il n'en devra pas moins compte en espèces et par compensation*, ainsi qu'il a déjà été statué, du nombre de lignes qui n'aura pas été épuisé à raison de 2 francs 50 centimes la ligne, et enfin que les gravures que Wallut et Comp. ont cru devoir faire exécuter ailleurs et *à leurs frais* en excédant du nombre, soit sur refus, soit sous refus de Lebrun, demeurent étrangères à ce compte tout en restant soumises au droit de celui-ci d'en prendre des clichés au prix fixé par la sentence arbitrale précitée; attendu qu'en procédant d'après ces principes et sur une période d'une année depuis le compte réglé par le jugement du 17 janvier dernier, il appert des pièces produites que, du 1er juillet 1850 au 1er juillet 1851, il a été fourni par Lebrun 176 gravures, dont 14 ont été refusées par Wallut et Comp. pour mauvaise exécution, et doivent être provisoirement retranchées; qu'en conséquence il en restera 18 à imputer sur les premiers mois de l'exercice suivant; que, par contre, les 144 gravures premières fournies formant un total de lignes notoirement inférieur aux 4,800 lignes dues, un supplément de *compensation* plus que suffisant existe encore dans ce chef, pour lequel les parties auront à se régler en espèces d'après les bases posées ci-dessus;

« Attendu que, de tout ce qui précède, il ressort que Lebrun, devant *compensation* à Wallut et Comp., *sur les premier et deuxième chef*, de 2,804 francs effectifs, et sur le *troisième*, d'une somme qui absorbera et au delà le restant de sa demande, elle est formée sans droit et ne saurait être accueillie;

« En ce qui touche la demande de 1,000 francs afférente au terme du 1er novembre, attendu que trois mois ont été stipulés comme point de départ de la livraison à l'avance par l'administration du *Musée des Familles* des sujets de gravures, et en même temps deux mois sont accordés à Lebrun pour l'exécution desdites ; attendu qu'il a été statué par jugement du 2 mai 1850, confirmé par arrêt, que ces trois mois seraient employés, soit deux mois pour l'exécution des gravures, et un mois pour leur examen, leur perfectionnement et leur mise en œuvre, et que Lebrun sera tenu de livrer les bois gravés dans les deux mois qui suivront celui où le choix des sujets lui aura été remis ; attendu que c'est vainement que Lebrun veut puiser dans cette disposition le droit d'être payé par anticipation un mois à l'avance ; qu'en effet il n'en ressort qu'une division expliquée du délai ; que la livraison n'en doit pas moins être considérée comme seulement complétée après le troisième mois révolu ; qu'en conséquence, les 13 gravures présentées dès le 29 juillet pour être exécutées le 30 septembre dernier, et dont Lebrun a fait offre à cette dernière époque, mais à charge de paiement immédiat, ont été à bon droit refusées à cette condition ; que le paiement demandé n'est donc pas dû avant le 1er novembre, et sous toutes réserves du compte qui peut résulter de ce qui vient d'être établi plus haut ;

« En ce qui touche les dommages-intérêts,

« Attendu que le préjudice éprouvé par Lebrun n'est pas justifié ; que, si la procédure multipliée qui s'est constamment croisée entre les parties nuit gravement à leurs intérêts réciproques, elle est née de la situation qu'elles se sont faite et qu'il n'est dû, quant à présent, aucuns dommages-intérêts ;

« Par ces motifs,

« Déclare Lebrun mal fondé en sa demande, l'en déboute, et le condamne aux dépens, etc.

Comme on le voit, les questions soulevées par Lebrun, si simples au début, avaient pris au délibéré, à l'improviste, une extension inouïe. Cela s'explique : il est dans l'intérêt de MM. Wallut et Comp. de détourner et d'égarer l'attention des juges, et dans la circonstance ils n'y avaient pas failli.

Lebrun pouvait tenter une autre juridiction ; il ne s'attacha qu'au dispositif du jugement, et il se soumit à l'arrêt des premiers juges.

Disons toute notre pensée : c'est que dès lors il ne fut plus douteux pour nous, par la pratique journalière, par un examen calme, sérieux, attentif des faits, que si nos adversaires, par d'habiles manœuvres, avaient pu entraîner la justice dans une suite d'erreurs, les conditions de droits et de devoirs qui ressortent du contrat primitif, de jugements et arrêts, amèneraient infailliblement, par la force des choses, une révision générale. Devions-nous la provoquer immédiatement ? Il nous parut plus convenable d'attendre que MM. Wallut et Comp., surexcités par le succès, nous en fournissent l'occasion par des prétentions nouvelles. Notre attente n'a pas été longue.

Arrivons au compte de MM. Wallut et Comp. Pour eux, qui ne cessent de protester de leur fidélité aux contrats, de leur respect pour les arrêts de la justice, l'acceptation des bases posées par les considérants du jugement du 25 novembre 1851, pour l'établissement du compte de l'exercice 1850-51, devait être la chose du monde la plus simple. Eh bien ! non. En opposition avec la clause de la sentence de 1842, qui prescrit un exercice annuel, le compte dont nous nous occupons embrasse un exercice de 14 mois et comprend 166 gravures. C'est pourquoi nous en demandons le rejet pur et simple, sauf à l'établir sur de nouvelles bases.

TROISIÈME ET QUATRIÈME CHEFS DE DEMANDE.

1° 176 fr. 50 c. pour excédant de dépenses d'exécution de 16 gravures dont Lebrun aurait refusé de se charger ;

2° 602 fr. 50 c. pour excédant de dépenses d'exécution de 19 gravures livrées par Lebrun, prétendues mal exécutées par MM. Wallut et Comp., qui les ont fait refaire à ses risques et périls.

Nous réunissons ensemble ces deux chefs des prétentions de MM. Wallut et Comp., parce qu'il en ressort la reconnaissance formelle de l'obligation de faire et de livrer, imposée à Lebrun, et la reconnaissance implicite des suites naturelles de l'inexécution de l'obligation. Ici, en effet, le fait, la logique, la raison, l'emportent déjà, chez MM. Wallut et Comp., sur les droits apparents qui découleraient en leur faveur des considérants du jugement du 25 novembre 1851 quant aux gravures exécutées par eux sur le refus de Lebrun et à ses risques et périls ; ils ne veulent pas admettre, contre l'évidence, que ces gravures ont été exécutées à leurs frais, et puissent à ce titre demeurer étrangères à Lebrun, après qu'ils lui en ont retenu le prix sur des sommes dont le paiement leur est obligatoire. Par la raison que ces gravures, acceptées de prime abord par MM. Wallut et Comp., auraient figuré au crédit de Lebrun, avec tous les droits de suite qui y sont attachés, de même elles doivent y figurer encore quand MM. Wallut et Comp. ont payé ces mêmes gravures des deniers retenus à Lebrun en compensation. Il est fâcheux que les Juges, après avoir reconnu la vérité du principe, en attribuant à Lebrun la propriété des gravures Armengaud, dont le prix était retenu également en compensation, aient cru devoir établir une distinction qui ne saurait exister.

En tout cas, nous n'avons pas ici à nous préoccuper de cette question, qui viendra à son tour : notre examen portera sur le refus d'exécution et sur le refus d'acceptation des diverses gravures, et sur la conformité d'un excédant de dépenses, alors que cet excédant n'eût pas été obligatoire pour Lebrun, et qu'il n'est pas justifié par des motifs d'urgence.

1° Lebrun était-il fondé à refuser l'exécution des gravures dont les listes lui ont été signifiées le 29 juin 1850 et le 31 mai 1851 ?

Selon nous, ce refus n'avait rien que de juste et de raisonnable. La forme interprétative d'exécution de la sentence du 25 avril 1842, quant à la quantité *maximá* de parties gravées à fournir par Lebrun pour chaque exercice annuel, avait été, jusqu'au 8 mai 1850, acceptée et pratiquée par MM. Wallut et Comp. La justice était, à la vérité, saisie de la demande d'une interprétation nouvelle : mais il n'avait pas encore été statué à cet égard. Et comme il était constant, qu'à la date du 28 juin 1850, Lebrun avait comblé ou allait combler ses engagements pour l'exercice en cours, il pensait être en droit de refuser l'exécution d'autres gravures pour ce même exercice.

Il n'est pas vrai, comme le prétendent MM. Wallut et Comp., que la sentence du 25 avril 1842, et, plus tard, le jugement du 25 novembre 1851, aient décidé le report de l'excédant d'un exercice annuel sur l'exercice suivant. Chaque exercice doit être clos d'une manière définitive ; la seule faculté de report qui existe, c'est un *faible* revirement d'un mois sur l'autre. (Jugement du 25 novembre 1851.)

Du reste, le refus de Lebrun n'était même pas absolu ; ce report d'une année sur l'autre, il l'admettait, par exception, dans ce cas particulier ; et il était si peu *coupable*, quoi qu'en disent MM. Wallut et Comp., qu'il se déclarait prêt à exécuter ces gravures, tous ses droits réservés.

Le refus du 31 mai 1851 partait du même principe, de l'extinction de sa dette annuelle. A cette date, et jusqu'au 1er juillet 1851, Lebrun avait livré ou livrerait 151 gravures, c'est-à-dire, en dix mois, 9 gravures en plus du nombre annuel. Rien ne l'obligeait donc à prendre charge d'exécution de 9 gravures nouvelles (dont 3 seulement paraissent avoir été exécutées.)

Quant à cette obligation impérieuse d'exécution immédiate, c'est une pure fable inventée par MM. Wallut et Comp. Des 16 gravures dont l'exécution était demandée le 28 juin 1850, 2 ont paru en octobre suivant, 4 en novembre, 3 en décembre, les autres en 1851, voir même en 1852. Les 3 gravures exécutées sur les 9 dont se composait la liste signifiée le 31 mai 1851 ont paru un an après, en 1852.

Nous le demandons : de bonne foi, où était l'urgence ? N'était-il pas mieux d'attendre que la justice eût prononcé, ou de porter ces gravures sur les listes suivantes ?

Dès lors qu'il n'y a pas eu urgence, que MM. Wallut et C° ont pu disposer pour l'exécution des gravures, des délais d'usage, il ne leur est dû par Lebrun aucune indemnité. Tout au plus ont-ils le droit de priver Lebrun des bénéfices qu'il eût pu obtenir par une exécution directe ; mais, par exemple, que pour 3 gravures, comportant ensemble l'équivalent de 125 lignes, MM. Wallut aient cru devoir dépenser 430 fr. au lieu de 312 fr. 50 c. qu'ils étaient seulement tenus de payer à Lebrun, cela n'est pas admissible.

Répétons-le, car cela ne saurait être trop dit : la demande dont la justice était saisie alors était contraire à la pratique suivie depuis dix années et acceptée dix mois durant par MM. Wallut et C° eux-mêmes. Lebrun y défendait de bonne foi ; sa soumission aux exigences de MM. Wallut, c'était l'abandon de ce qu'il croyait être son droit ; c'était la désertion de sa cause. Il ne pouvait pas le faire.

Une dernière considération : à l'époque même des refus d'exécution par Lebrun, MM. Wallut, en violation de jugement, et malgré les sommations réitérées de Lebrun, s'abstenaient de publier ses gravures et publiaient des gravures à eux appartenant. Chercheront-ils là une autre raison d'urgence ?

A la réclamation de MM. Wallut et C° de 602 fr. 50 c. pour supplément de dépenses d'exécution nouvelle de 16 gravures (et non 19), refusées à Lebrun comme prétendues mal exécutées, se rattache une question d'une importance capitale. Résolue dans le sens de MM. Wallut et C⁰, nous le disons avec conviction, avec sincérité, les conventions du 4 juillet 1836 auraient tout le caractère d'un contrat léonin.

Selon MM. Wallut et C⁰, les gravures que Lebrun est tenu de livrer au *Musée des Familles* doivent être exécutées avec une perfection telle, qu'elle s'élève jusqu'aux dernières limites des progrès de l'art de la gravure sur bois.

Eh bien! cette interprétation est contraire à la lettre autant qu'à l'esprit des conventions du 4 juillet 1836; elle a toujours été rejetée par les parties contractantes; elle viole le droit et plus encore l'équité.

En fait, la fixation à 1,000 francs du paiement mensuel accordé aux cédants de la *Mosaïque* n'a été arrêtée à ce taux, que parce qu'il représentait, ou à peu près, la somme que la *Mosaïque* consacrait chaque mois à l'exécution de ses dessins et gravures. Cette même somme, les éditeurs de la *Mosaïque* acceptaient le mandat de l'appliquer désormais à l'exécution des dessins et gravures du *Musée des Familles:* « *Moyennant cette somme*, M. Thoisnier Desplaces se chargera de faire dessiner et graver toutes les gravures nécessaires à l'exploitation du *Musée des Familles*. » Ces gravures devraient être exécutées aussi bien, mieux encore si faire se pouvait que celles de la *Mosaïque* : « Ces gravures devront être aussi remarquables par leur confection et leur fini que celles employées par la *Mosaïque* dans ces derniers mois, et *mieux encore si faire se peut*. » Le mieux, c'était, si je puis dire, un but proposé à l'intelligence des propriétaires de la *Mosaïque*, qu'ils devraient s'efforcer d'atteindre, mais dans les limites et les conditions du mandat, et sans qu'ils pussent être tenus jamais de dépenser au delà de la somme qui leur était confiée. A côté de l'obligation collective, il y avait mandat personnel donné à Lebrun, qui avait fait ses preuves : « M. Lebrun se chargera personnellement de veiller à la confection des gravures et à la perfection du tirage. » Cette charge, à cause de son caractère particulier, a toujours été considérée comme devant être rétribuée.

Nous venons de voir les termes du contrat; passons à l'exécution qu'il a reçu.

La Société Émile de Girardin et toutes les sociétés qui se sont succédé jusqu'à MM. Wallut et C⁰ ont toujours reconnu, en principe et de fait, que Lebrun n'était tenu qu'à la perfection d'exécution relative prescrite par le contrat, en un mot, que la valeur du travail devait être en raison du prix payé. Au delà de ces règles, il y avait lieu à indemnité; tantôt cette indemnité se compensait par une réduction dans le nombre de gravures à livrer, ou par un choix de planches d'un travail plus simple, tantôt elle donnait lieu à un supplément d'argent. Après bientôt dix-huit ans, on comprendra que les matériaux nous manquent pour les tomes IV, V et VI, quoique nous pensions qu'on les trouverait dans les cartons de MM. Wallut et C⁰; mais de 1839 à 1849, les preuves existent sur les registres des délibérations de la Société du *Musée des Familles*, sur les listes et dans les comptes, et nous sommes en mesure de les fournir nombreuses et positives.

Il y a mieux, cette question de perfection a été déjà soumise à des juges, et dans un sens bien moins étendu que ne le veulent aujourd'hui MM. Wallut et Ce. En 1842, M. Piquée, ce directeur avec lequel, selon MM. Wallut et Ce, nous avions fait quelques mois auparavant un pacte frauduleux (car c'est là, nous l'avons su depuis, ce que MM. Wallut et Ce entendent par le mot de *considérations person- nelles*, voir page 15), nous refuse plusieurs gravures, comme prétendues mal exé- cutées, et s'en autorise pour demander à être lui-même chargé de l'exécution des gravures. Le 30 novembre 1842, un tribunal arbitral, dont M. Paulin, le gérant de l'*Illustration*, fait encore partie, dit :

« En ce qui touche les deux gravures intitulées *le Géant* et *Nourmahal ;*

« Attendu que ces deux gravures n'ont pas le degré de perfection que les éditeurs du *Musée des Familles* ont le droit d'exiger aux termes des conventions verbales arrêtées entre les parties ;

« Que c'est donc à bon droit que ces deux gravures ont été refusées, et qu'il y a lieu dès lors de les remplacer ;

« En ce qui touche les gravures signalées comme non conformes au programme, et dési- gnées sous les titres de *le Hibou, le Louis d'or* et *le Mousse ;*

« Attendu que si ces gravures laissent quelque chose à désirer, soit par le travail, soit par la non-conformité du programme, il est juste néanmoins de reconnaître, d'une part, que les programmes n'ont pas été fournis avec une précision satisfaisante ; d'autre part, que l'en- semble des gravures fournies pour le même mois est conforme aux conventions des parties et aux exigences de ces sortes de publications ; qu'ainsi ces reproches des propriétaires, et, par suite, leur demande en indemnité et en résiliation ne sont pas fondés ;

. . . .

« En ce qui touche les conclusions dernières de Piquée, ès-noms, tendant à être chargé, à l'exclusion de Lebrun, de la confection des gravures aux charges et conditions énoncées dans lesdites conclusions ;

« Attendu que cette prétention est complétement opposée aux conventions verbales arrê- tées entre les parties ; qu'elle porterait le plus grand préjudice au droit réservé exclusivement à Lebrun de vendre les clichés ;

« Que Lebrun n'aurait aucun moyen de contrôle pour vérifier si Piquée a dépensé, ainsi qu'il offre de le faire, une somme de mille francs par mois pour les gravures, et que, en outre, Lebrun *serait privé du bénéfice qu'il peut faire un jour sur ces gravures* tout en restant fidèle à ses engagements si, par exemple, les graveurs venaient à baisser leurs prix ; qu'ainsi cette prétention doit être repoussée.

« Par ces motifs, disons, etc. (Dispositifs conformes aux considérants qui précèdent.) »

Ainsi, constatons-le, ce n'est pas dans les progrès de l'art, mais dans les con- ventions mêmes que les juges vont puiser les motifs de leur approbation du refus de deux gravures (lesquelles ont été plus tard acceptées et publiées) ; ils admettent encore, comme nous l'avons dit, que Lebrun n'est pas tenu de dépenser la somme entière de 1,000 francs, si, pour une somme moindre, il peut faire exécuter avec le degré de perfection prescrit par ses engagements.

Les principes établis par ce jugement ne vont pas tarder à recevoir une con- sécration plus précise, de la volonté mutuelle des parties.

Le **PACTE FRAUDULEUX** concerté entre Piquée et Lebrun n'a probablement pas produit (nous demandons humblement à MM. Wallut et C⁰ de nous renseigner à cet égard) le résultat qu'ils en espéraient; car huit jours seulement après le jugement du 30 novembre que nous venons de citer, ils acceptent, le 8 décembre 1842, une convention conçue en ces termes que nous copions sur le registre des délibérations de la Société du *Musée* :

« 1° *Le Musée* se chargera de faire faire ses gravures; il donnera pour indemnité mensuelle, à M. Lebrun, la somme de cent francs ;

« 2° Ce traité aura une durée de 12 mois, à dater du 1ᵉʳ janvier 1843.

Pendant que cette convention continue de recevoir, après son expiration, une exécution tacite, le 8 mars 1844, une autre de même nature est faite, pour trois ans à partir du 1ᵉʳ octobre 1844, et le *Musée* est tenu, cette fois, de dépenser au moins 1,000 francs par mois, et cela en outre de 350 abonnements alloués à Lebrun.

Ainsi, juges et parties sont d'accord que la perfection d'exécution de la gravure est en raison du prix fixé par le contrat, et qu'une indemnité est due à Lebrun pour sa direction, ses soins, sa surveillance, soit qu'il continue, soit qu'il cesse de diriger, de soigner, de surveiller l'exécution des gravures.

Nous avons déjà pour nous la lettre, l'esprit, les faits, le droit; nous avons plus encore, nous avons l'équité, et pour preuve il nous suffira de mettre en regard de notre raisonnement l'effet des prétentions de MM. Wallut et C⁰.

Ce n'est pas seulement la perfection absolue d'exécution qu'ils réclament, c'est encore, nous l'avons vu, une étendue exagérée de la surface gravée. Les conséquences de leur système, ils le constatent eux-mêmes par les chiffres de ce chef de leurs réclamations, c'est d'obliger Lebrun à dépenser, pour l'exécution des gravures du *Musée des Familles*, une somme double de moitié de celle qu'il reçoit à cette intention. Double aujourd'hui, mais qui serait triple, quadruple demain, si la gravure sur bois venait à faire de nouveaux progrès artistiques. Car, ici, il n'en est pas comme d'un travail mécanique; la perfection extrême, c'est l'extrême dépense de temps, l'extrême dépense d'argent.

Cependant cette iniquité, par un reste de pudeur, MM. Wallut et C⁰ n'osent pas en assumer la honte. Lebrun, disent-ils, s'indemnisera largement sur les bois d'une exécution facile; et par le bénéfice considérable qu'il réalise sur la vente des clichés qui lui est réservée expressément à l'étranger.

Autant de mots, autant de mensonges. Des bois d'une exécution facile! MM. Wallut et C⁰ n'en demandent pas, ou bien ils sont si rares, et leur dimension est tellement réduite, que leur exécution offre rarement de l'avantage. La vente des clichés! Autant qu'il dépend d'eux, ils l'entravent, soit en publiant des éditions en langue étrangère du *Musée*, comme ils ont fait pour la langue espagnole, soit par leur refus de livrer les clichés à Lebrun, comme cela est arrivé pour les clichés de ces mêmes gravures pour lesquelles ils réclament aujourd'hui un prix supplémentaire (Lettre Wallut, 14 septembre 1851).

Et, puisque nous en sommes sur la vente des clichés, quelle est donc l'importance de cette vente considérable préconisée par MM. Wallut et C°, quand rien ne vient l'entraver? Les nations étrangères que l'importance de leur population met à même d'entreprendre des publications de la nature du *Musée des Familles*, sont l'Angleterre, l'Espagne et les États d'Amérique, l'Italie, les États d'Allemagne et la Russie. On ne peut compter sur les autres pays que d'une façon accidentelle. Parmi les nations que nous venons de citer, l'Allemagne se contente de ses productions nationales, la Russie est trop arriérée, l'Italie, par la diversité de sentiments de ses gouvernants et de ses gouvernés, a renoncé à toute tentative. Restent donc les deux idiomes anglais et espagnol, c'est-à-dire la perspective de vente de 2 clichés seulement de chaque gravure, soit de 24 clichés par mois, si toutefois les sujets spécialement français trouvent grâce devant les acheteurs. A raison de 10 fr. par cliché, prix moyen, ce sera 240 fr. Et pour arriver là, Lebrun aura dépensé 1,500 fr. par mois, c'est-à-dire 500 fr. de plus qu'il ne reçoit! Et il aura consacré à cette œuvre de ruine son temps, son aptitude, son intelligence! Et ce sera là le prix de la cession de la *Mosaïque!* Mais cela est contre la raison, contre le bon sens! Non! non! ce caractère léonin n'appartient pas, ne peut appartenir aux conventions du 4 juillet 1836. L'interprétation de MM. Wallut et C° choque toutes les règles du droit et de l'équité.

Avons-nous besoin, après cela de discuter la valeur, ou pour mieux dire les prétextes du refus des 16 gravures? Ce serait entrer dans des détails qui trouveront place dans le débat oral. Contentons-nous de dire ici qu'il n'est pas une seule, parmi ces 16 gravures, qui ne soit supérieure aux gravures de la *Mosaïque;* qu'elles portent toutes le nom d'artistes justement honorés, et qu'à part quelques exceptions, elles valent mieux que celles qu'il a plu à MM. Wallut et C° de faire refaire à grands frais. Non-seulement nous refusons le prix supplémentaire de 602 fr. 50 c., mais nous réclamons de MM. Wallut et C° une indemnité égale au prix que nous aurions reçu pour les gravures qu'ils ont refusées à tort. Nous n'insisterons pas pour leur acceptation, puisqu'elles ont paru déjà par suite de l'exécution nouvelle opérée par les soins directs de MM. Wallut et Comp.

CINQUIÈME CHEF DE DEMANDE.

743 fr. 70 c. pour frais divers.

Sur cette somme 449 fr. 40 c. paraissent être la conséquence de jugements : donc, il y a à cet égard chose jugée, et un second jugement devient inutile. Quant aux autres 294 fr. 30 c., ce sont tous frais frustratoires, des significations, des sommations, des déclarations, des interpellations à tort et à travers, pour lesquelles le ministère d'huissier n'était nullement nécessaire. Le jugement de 1851 (25 novembre) est d'une date postérieure à ces frais. Il a dit, à l'encontre des deux parties, que la procédure multipliée qui s'est croisée entre elles est née de la situation qu'elles se sont faite. C'est donc à elles de la supporter. Nous le faisons pour notre part.

Sur ce chef il n'y a pas lieu de juger, puisqu'il a été jugé déjà.

SIXIÈME ET DERNIER CHEF DE DEMANDE.

3,000 francs de dommages-intérêts.

Notre réfutation est dans nos dires qui précèdent : elle ressortira plus vivement encore de nos demandes reconventionnelles.

Notre tâche est remplie ; nous avons expliqué les faits, cité les actes, les jugements ; il n'est pas un seul des droits de MM. Wallut et Cᵉ que nous ayons laissé dans l'ombre. Maintenant, il nous reste à faire un travail plus facile ; c'est de demander compte à MM. Wallut et Cᵉ des devoirs qu'ils n'ont pas remplis, quoique cela fût la condition nécessaire, indispensable, de l'exercice de leurs droits. Ce sera l'objet d'un nouvel exposé.

DEMANDES RECONVENTIONNELLES.

Dans la première partie de notre mémoire, nous nous sommes par-dessus tout attaché aux faits et nous les avons exposés dans toute leur nudité, citant à tout propos les actes, les contrats, les jugements, sans nous préoccuper le moins du monde de la force plus ou moins grande que nous donnerions à nos adversaires. Si MM. Wallut et Comp. avaient apporté dans les débats qui ont eu lieu jusqu'à ce jour cette complète franchise, la Justice, éclairée sur leurs *devoirs* comme sur leurs *droits*, embrassant les uns et les autres dans leur ensemble, eût cherché à les concilier sans sacrifices, et nous n'userions pas dans de déplorables procès un temps précieux, et des ressources qui auraient pu être plus utilement employées au profit de la chose commune, au profit du *Musée des Familles !* En outre, notre conduite n'offrirait pas cette étrange contradiction qu'après avoir combattu l'attribution de droits rétroactifs à MM. Wallut et Comp., nous sommes forcés à notre tour de réclamer cette rétroaction pour les devoirs que ces droits ont mis à leurs charges, et de revenir ainsi sur des faits accomplis. Mais la faute en est à MM. Wallut et Comp., et non à nous, et il est juste qu'après avoir supporté les charges attachées à la rétroactivité des droits, nous ayons les profits de la rétroactivité des devoirs.

Nous avons dit ailleurs que les dispositions interprétatives des jugements des 17 janvier et 25 novembre 1851, enlevées aux juges par surprise, ne manqueraient pas d'amener une révision forcée. Il n'en pouvait être autrement. En effet, composé de droits et de devoirs liés intimement entre eux, le contrat qui oblige les parties a toujours besoin d'être vu et apprécié sous toutes ses faces relatives. S'il est manqué à cette nécessité rigoureuse, l'œuvre produite par un examen imparfait manquera de base et tombera devant l'obligation de rétablir les rapports qu'elle n'aura pas pris soin de conserver. C'est ce qui a lieu aujourd'hui.

On est bien forcé d'admettre qu'après comme avant la substitution faite par le jugement du 17 janvier 1851 d'une nouvelle application ou d'un nouveau mode de mesurage des parties gravées des gravures de la *Mosaïque*, au mode pratiqué pendant les précédentes quinze années, les conventions verbales du 4 juillet 1836, la sentence arbitrale de 1842 et le jugement du 1er août 1850 doivent généralement continuer de recevoir leur exécution *dans les limites et sous les formes déterminées d'un commun accord à l'origine.* Autrement, sous le régime de chaque interprétation, *les droits et avantages réservés à Lebrun par la suite dans l'exploitation du journal le Musée des Familles* doivent lui être religieusement conservés et demeurer intacts, puisqu'en eux se trouve, *à défaut d'un prix d'argent une fois payé, la compensation de la cession, de la clientèle, de la liste des abonnements, de la correspondance, etc., du journal la Mosaïque.*

La conséquence de cela, c'est que du jour où, par une interprétation nouvelle, Lebrun a pu être tenu de faire exécuter et de livrer aux propriétaires du *Musée des Familles*, moyennant les 12,000 fr. qu'il reçoit annuellement, l'usage, pour leur journal, de 144 gravures, soit 4,800 lignes de gravures, à dater également de ce jour, les propriétaires du *Musée* ont été tenus de publier ces 144 gravures, soit 4,800 lignes, et il leur a été interdit, selon la sentence du 25 avril 1842, de publier aucune gravure supplémentaire, à moins d'avoir épuisé la quotité exigible de Lebrun. De ce jour encore, et comme représentation du prix de la cession de la *Mosaïque*, Lebrun a dû devenir propriétaire chaque année de 144 gravures, soit 4,800 lignes, et du droit de vendre les clichés de ces gravures à toute publication faite à la fois hors France et en langue étrangère. En un mot, la rétroactivité une fois admise contre l'obligation de faire au profit du droit d'usage, il faut également l'admettre contre l'obligation de faire usage au profit du droit de propriété et du droit de vente des clichés, qui en sont la suite.

Ces principes, d'une incontestable vérité, qui ressortent du contrat, qui en expriment l'essence, donnent à nos demandes reconventionnelles une force irrésistible. Bien loin que les jugements des 17 janvier et 25 novembre 1851 les contrarient, ils rendent leur acceptation nécessaire. Elles en sont la suite, la conséquence rigoureuse. Si MM. Wallut et Comp. trouvent, par hasard, que c'est de l'injustice, nous répondrons que cette injustice ne sera que de la justice distributive.

En outre de ces demandes reconventionnelles, que nous appellerons rétroactives, MM. Wallut et Comp. nous doivent la réparation de nombreux griefs que nous nous sommes résignés à supporter jusqu'ici, espérant toujours que les idées de justice et d'honnêteté finiraient par prévaloir chez eux sur les suggestions méprisables de l'intérêt. En présence de leurs exigences excessives, nous ne pouvons plus nous faire la moindre illusion : aussi tous nos efforts vont tendre à ce que la réparation que nous poursuivons soit complète, tout en restant dans les limites d'une sage modération. Car, condamnés à vivre avec MM. Wallut et Comp., nous préférons une paix honnête à une guerre victorieuse.

PREMIER CHEF DE DEMANDE.

Demande tendant à délivrance avec attribution de propriété de :
1° 861 lignes de gravures de l'exercice 1848-49, en compensation d'une somme
de 2,152 fr. que MM. Wallut et Comp. ont été autorisés à nous retenir,
sur l'exercice 1851-52, pour prétendue insuffisance de fourniture de gravures en 1848-49 ;
2° 18 bois gravés, soit 570 lignes de gravures, exécutés par l'ordre de
MM. Wallut et Comp., aux risques et périls de Lebrun, après refus de
celui-ci de faire refaire les mêmes gravures qu'il avait déjà livrées, mais
prétendues mal exécutées ;
3° 33 bois gravés, soit 994 lignes et demie, également exécutés d'ordre de
MM. Wallut et Comp., aux risques et périls de Lebrun, après refus de
celui-ci de se charger de leur exécution.
A charge par Lebrun, pour les deuxième et troisième chefs, de tenir compte à
MM. Wallut et Comp., en compensation par compte avec les sommes qu'ils peuvent
lui devoir, provenant ou à provenir de leur dette mensuelle, de 3,911 fr. 25 c. pour
prix de ces 51 bois, soit 1,564 lignes et demie, à raison du prix arbitraire de 2 fr.
50 c. la ligne.

Nos réclamations de ce chef sont basées sur le principe même des conventions
verbales du 4 juillet 1836, confirmées par le jugement du 1er août 1850, lesquelles,
ayant consacré une somme de 12,000 fr. à l'exécution des gravures nécessaires à
l'exploitation du *Musée des Familles*, ont attribué l'usage de ces gravures aux propriétaires de ce recueil, et la propriété et la vente des clichés à Lebrun, pour
toute publication faite à la fois hors France et en langue étrangère. Ces gravures
deviennent ainsi la chose commune des propriétaires du *Musée* et des cédants de la
Mosaïque, et il n'est pas donné aux uns de priver les autres soit de l'usage, soit
de la propriété, sans qu'il y ait violation du contrat des parties.
C'est en vertu de ces principes que nous réclamons d'abord à MM. Wallut et
Comp. une quantité de gravures représentative de 2,152 fr., soit 861 lignes, laquelle
somme MM. Wallut et Comp. ont été autorisés à compenser par compte avec les
sommes qu'ils nous devaient.
Nous ne voyons, nous ne pouvons voir dans le fait de la compensation ordonnée
au profit de MM. Wallut et Comp. qu'une obligation pour eux d'exécuter en notre
lieu et place. La destination des sommes qu'ils ont ainsi retenues n'est pas changée.
Affectées spécialement à l'exécution des gravures devant servir à l'exploitation du
Musée des Familles, dans les mains de MM. Wallut et Comp. elles conservent cette
affectation. Donc, de même que MM. Wallut et Comp. auront l'usage de ces gravures,
de même nous devons en avoir la propriété. Cette fin, c'est la suite naturelle de la
compensation.

Cela est si vrai, que les juges du 25 novembre 1851 ont été amenés à le reconnaître en pratique, tout en paraissant le nier en fait. Ainsi, en autorisant MM. Wallut et Comp. à retenir 652 fr. pour prix de 326 lignes de gravures d'un sieur Armengaud, ils ont dû ajouter que Lebrun posséderait sur ces gravures, une fois la compensation opérée, le même droit de suite et de vente de clichés qui lui est attribué sur celles qu'il a fournies lui-même. Cependant, à l'origine, ces gravures avaient été réellement payées des deniers de MM. Wallut et Comp.; c'était leur bien, mais il a suffi de la retenue du prix pour que la propriété en passât aux mains de Lebrun. N'est-ce pas là une reconnaissance formelle des suites que doit recevoir la compensation ?

MM. Wallut et Comp. nous diront peut-être : « Mais il n'est pas besoin de faire « faire ces 861 lignes de gravures ; nous renonçons à leur usage ; l'exercice auquel « elles étaient destinées est clos. » Libre à vous, Messieurs, mais nous ne renonçons pas, nous, à en devenir propriétaires. Vous aviez un choix à faire, en 1849-50, entre un maximum et un minimum facultatifs de gravures dont l'usage vous était en tout cas obligatoire. Vous vous arrêtez à 135 bois, soit 3,980 lignes. Vous êtes tenus de les publier ; cependant vous ne faites paraître que 115 bois, soit 3,294 lignes. Vous vous abstenez ainsi, en violation du contrat, de publier 20 bois, soit 686 lignes. A cette première violation, vous en ajoutez une autre : vous publiez en supplément 53 bois, soit 1,603 lignes, qui nous sont étrangers, que vous achetez de côté et d'autre. Cela fait, vous venez prétendre que nous devons vous livrer encore l'usage de 861 lignes, et votre habileté est si grande que la justice égarée admet une exécution rétroactive de faits entièrement consommés. Or, cette rétroactivité ne saurait nous frapper seul; on nous a imposé une retenue pour un droit d'usage que vous n'étiez plus en mesure d'exercer; cet usage entraînait à notre profit la propriété des gravures servant à son exercice; cette propriété, nous la réclamons; vous ne sauriez trouver dans la violation de vos obligations des motifs de nous la refuser.

Quant à notre demande en délivrance des 51 bois, exécutés à nos risques et périls, par MM. Wallut et Comp., ou du moins d'après leurs ordres, nous croyons MM. Wallut et Comp. disposés à l'admettre sous le mérite de nos offres. Déjà ils l'ont donné à entendre en ne nous réclamant qu'une plus-value sur les dépenses d'exécution, c'est-à-dire la différence du coût effectif de la gravure avec le prix évalué par compensation. MM. Wallut et Comp. font ici comme les juges du 25 novembre 1851 : ils reconnaissent les conséquences inévitables de la compensation, et tout en paraissant s'en défendre ailleurs, ils les pratiquent. C'est qu'en effet il n'est pas possible d'admettre qu'il y a lieu à compensation absolue, définitive, entre deux choses aussi distinctes que l'obligation de faire faire et l'obligation de donner, surtout dans l'espèce où l'obligation de faire se réduit à l'obligation de prêter, de louer, puisque la chose faite demeure la propriété de l'exécutant.

Qu'on veuille bien réfléchir où conduirait un autre système ! S'il pouvait appartenir à MM. Wallut et Comp., soit sur refus, soit sans refus de Lebrun, de faire exécuter eux-mêmes les gravures nécessaires à l'exploitation du *Musée des Familles*, d'en faire usage, de lui en retenir le prix en compensation sur les sommes qu'ils lui doivent, puis d'en refuser la propriété à Lebrun et de réclamer encore un excédant de dépenses, Lebrun serait chassé du *Musée des Familles*. Non-seulement il serait privé du tribut annuel de 12,000 fr. et de la propriété des gravures, mais encore il se trouverait débiteur envers MM. Wallut et Comp. de sommes importantes résultant de différences sur les prix d'exécution. La retenue du prix de la location servirait en même temps à enrichir le locataire et dépouiller le propriétaire. En vérité, si les jugements des 17 janvier et 25 novembre 1851 ont posé et développé ces principes, comme semblent le prétendre MM. Wallut et Comp., nous leur demandons ce que deviennent les conventions verbales du 4 juillet 1836 et le jugement du 1er août 1850?

Remarquons que nous n'entendons pas parler des gravures supplémentaires que MM. Wallut et Comp. sont autorisés à faire exécuter et publier dans le *Musée des Familles*, en excédant de la quantité qu'ils ont le droit d'exiger de nous, et qu'ils paient de leurs deniers propres. Celles-là leur appartiennent, c'est leur bien, et quand nous aurons besoin des clichés, nous les leur paierons. Nos observations n'embrassent que la quantité de gravures, à l'exécution desquelles sont consacrés exclusivement les 12,000 fr. que MM. Wallut et Comp. nous doivent, et c'est de celles-ci que nous prétendons devenir toujours propriétaires, qu'elles soient exécutées par nous, ou par MM. Wallut et Comp. à nos risques et périls, parce que, dans ce dernier cas, la retenue en compensation qu'ils opèrent s'exerce sur nos deniers et non sur les leurs.

Comme conséquence de ce qui précède, nous portons à notre crédit de lignes toutes les gravures dont le prix nous est ou nous serait retenu par compensation. Évidemment, nous en devenons les fournisseurs réels au même titre que celles que nous faisons exécuter nous-mêmes. Toutes ont la même origine, dérivent de la même source, c'est-à-dire de la somme consacrée à l'exécution des gravures du *Musée des Familles*.

DEUXIÈME CHEF DE DEMANDE.

5,000 fr. de dommages-intérêts pour préjudice résultant de la non-publication de gravures livrées par Lebrun, pendant les exercices 1849 à 1853, savoir :

Exercice 1849-50,	20 bois,	soit	686 lignes,	ou 1,715 fr.	»» c.
— 1850-51,	75	—	2,115	— 5,288	75
— 1851-52,	69	—	2,538	— 6,346	25
— 1852-53,	55	—	2,167	— 5,422	50

Répétons encore, toujours, que les gravures que Lebrun est tenu de livrer aux propriétaires du *Musée des Familles* sont sa propriété; qu'ils n'ont sur elles qu'un droit d'usage pour l'exploitation de leur texte en France ; qu'à Lebrun seul appartient le droit d'en vendre les clichés ; que ce droit, c'est la représentation du prix de la cession de la *Mosaïque*, et que les profits qui y sont attachés constituent sa part dans les produits du journal conservé le *Musée, qui résume depuis la convention sa valeur primitive propre et celle de la Mosaïque, qui y a été jointe.* Dès lors, et c'est la conséquence, obligation de livrer, droit d'usage, droit de vente des clichés, tout cela se tient, tout cela s'enchaîne et doit s'exercer simultanément, de telle sorte que Lebrun, dès qu'il a supporté les charges, puisse recueillir les profits.

Cette corrélation intime, juste, équitable, MM. Wallut et Comp. l'ont toujours méconnue, et c'est parce qu'ils sont restés sourds à nos plaintes et à nos réclamations extra-judiciaires que nous saisissons la justice d'une demande à cet égard.

Pendant les quatre années expirées, et même pendant l'exercice annuel en cours, MM. Wallut et Comp., tout en exigeant de nous annuellement la quantité *maxima* des gravures dont nous leur devons l'usage pour l'exploitation du *Musée*, se sont abstenus de se servir, dans les délais obligatoires, d'une quantité si considérable de ces gravures qu'elle s'est élevée, comme en 1851-52, au delà de la moitié de nos livraisons. Ils nous ont porté ainsi, avec intention, un immense préjudice, entravant, retardant indéfiniment la vente de nos clichés, et ils nous doivent non-seulement une réparation dans le passé, mais des garanties dans l'avenir.

Nous l'avons dit, notre obligation ne consiste que dans la livraison des gravures nécessaires à l'exploitation du *Musée des Familles*. Les règles d'exécution de notre obligation sont dans ses besoins. Toute livraison exigée en dehors de ces besoins constate un abus qui doit être réprimé, et ici d'autant plus sévèrement qu'il a pris d'énormes proportions.

MM. Wallut et Comp. invoqueront peut-être les dispositions de la sentence arbitrale du 25 avril 1842, qui leur a permis de publier un nombre indéterminé de gravures et de publier nos gravures quand et aux époques qu'ils jugeraient convenables ; mais cette faculté qui leur a été accordée est une dérogation au contrat, soumise à ce titre à des règles fixes dont ils n'ont pas tenu compte, et ils ne sauraient trouver dans leur violation des motifs d'excuse.

On n'a pas oublié que la convention verbale primitive nous assure la fourniture privilégiée de toutes les gravures du *Musée des Familles*. Plus tard, la sentence arbitrale de 1842 est venue autoriser l'administration du *Musée* à faire exécuter et à publier quelques gravures, mais en ces termes :

« Que le sieur Piquée pourrait publier un nombre indéterminé de gravures, pourvu que
« sur le nombre de gravures publiées par mois il y en ait 12 fournies par Lebrun. »

Pourquoi cette restriction ? parce que l'autorisation demandée et donnée dans l'intérêt de la chose ne devait, dans aucun cas, être employée à favoriser les propriétaires des textes du *Musée* aux dépens du propriétaire des gravures. On ne peut espérer la vente des clichés, avec quelque certitude, qu'après la publication des gravures : si les propriétaires du *Musée* venaient à se servir de l'autorisation qui leur était accordée de publier des gravures autres que celles de Lebrun pour retarder de faire usage des gravures de ce dernier, ils lui porteraient préjudice, ils s'approprieraient la vente des clichés et la détourneraient de Lebrun. C'est pourquoi, d'après la sentence, ils pourront bien publier un nombre indéterminé de gravures, mais, sur ce nombre, il y en aura toujours 12 fournies par Lebrun ; car la vente des clichés de celui-ci ne doit pas souffrir de l'exception concédée aux propriétaires du *Musée des Familles ;* et comme l'autorisation qui leur a été accordée de faire exécuter et publier des gravures étrangères à Lebrun n'a eu d'autre motif que l'insuffisance des livraisons de celui-ci, en regard des besoins du *Musée*, cette autorisation ne s'exercera que pour suppléer à cette insuffisance.

MM. Wallut et Comp. se sont-ils soumis à cette règle ? non. Tandis qu'ils s'abstenaient de publier de 1849-50 à 1852-53 ; 20, 75, 69, 55 des gravures que nous leur avions livrées pendant ces exercices et à cet effet seul, ils publiaient 53, 57, 30, 23 gravures supplémentaires qu'ils se procuraient à vil prix ; et il est arrivé de ces manœuvres que non-seulement nous n'avons pas vendu les clichés de nos gravures, mais que nous avons dû acheter les clichés des gravures de MM. Wallut et Comp. S'ils n'avaient cherché en cela qu'un lucre illégitime, passe encore ; mais ils avaient recours à l'un de ces moyens odieux concertés pour entraîner notre ruine, et qui consistait à nous enlever toute chance de profits, et à augmenter inutilement nos dépenses.

MM. Wallut et Comp. ne seraient pas davantage fondés à s'autoriser de la clause :

« Que le sieur Piquée pourra publier les gravures fournies par Lebrun quand et aux épo-
« ques qu'il jugera convenables. »

Elle règle un droit nouveau, comme nous allons voir, mais elle ne fait pas renaître un abus que la clause précédente a voulu prévenir.

Comment les choses se passaient-elles avant la sentence ? Les propriétaires du *Musée* pouvaient demander à Lebrun moins de 12 gravures par mois, jamais plus, et ils étaient tenus de les publier immédiatement. Cette obligation avait des inconvénients : tel mois du *Musée*, rapproché de l'époque du renouvellement, aurait exigé un plus grand nombre de gravures ; tel autre, qui en était éloigné, se serait contenté d'un nombre moindre. Cette meilleure distribution des gravures était empêchée par l'interdiction de dépasser le maximum donné, et il n'était pas loisible de compenser une réduction volontaire par une augmentation facultative. La sentence venait remédier à cela. Les propriétaires du *Musée* cessent d'être enfermés dans un cercle infranchissable ; ils se mouvront librement dans leurs demandes, et ils n'auront d'autre souci, dans tout le cours de l'exercice, que de ne pas dépasser le total annuel. Mais ici encore ce n'est pas à leur profit, mais au profit de la chose, que la concession est faite : il ne faut pas qu'elle puisse servir à entraver la vente des clichés de Lebrun. Dès que les propriétaires du *Musée* ne publieront pas de gravures supplémentaires, il leur sera loisible de publier un nombre moindre de 12 gravures fournies par Lebrun, et ils pourront retarder la publication de celles qu'il aura livrées en plus de celles publiées. Au contraire, s'ils publient des gravures supplémentaires, il faudra que le mois qui les contiendra en comprenne également 12 fournies par Lebrun ; car, nous le répétons, la vente de ses clichés ne doit jamais souffrir de la concurrence que pourront lui faire les clichés des propriétaires des textes. Il n'est pas besoin de dire que MM. Wallut et Comp. ont usé du droit de retarder la publication des gravures de Lebrun sans en accepter les charges.

Mais diront, sans doute, MM. Wallut et Comp. : les gravures que nous avons rejetées d'un exercice, nous les avons fait ou nous les ferons paraître dans les exercices suivants. Nous leur répondrons qu'ils n'ont pas la faculté de reporter d'un exercice annuel sur l'autre. Cela leur est défendu par les termes aussi bien que par l'esprit de la sentence. C'est parce que, en mépris de ses dispositions, ils ont publié, sans droit, 163 gravures étrangères à Lebrun, qu'ils ont pu, à la fin de l'exercice 1852-1853, laisser de côté 64 bois, soit 2,510 lignes, ou 6,275 francs. Ces faits, qui nous sont si préjudiciables, qui sont si nuisibles à la vente de nos clichés, ne doivent plus se représenter.

Les retards de publication dont nous nous plaignons n'embrassent pas moins de 219 bois, soit 7,509 lignes, ou une valeur de 18,772 fr. 50 c., au prix arbitraire de 2 fr. 50 c. la ligne, mais inférieure à celle que nous avons dépensée, grâce aux exorbitantes prétentions de MM. Wallut et Comp. ; certes, en présence de tels chiffres, notre demande de 5,000 francs de dommages-intérêts n'est pas exagérée.

L'exercice en cours constate déjà des infractions de même nature qui se renouvelleront encore. Nous faisons à cet égard toutes réserves pour intenter une action nouvelle en temps opportun. Il ne se peut pas que MM. Wallut et Comp. trouvent dans des infractions antérieures des causes ou des prétextes pour en commettre de nouvelles. Diront-ils que l'espace leur manque ? Mais à qui la faute si ce n'est à eux ? Pourquoi, au lieu de publier nos gravures chaque année, comme ils y étaient tenus, ont-ils publié sans droit des gravures supplémentaires, achetées la plupart à vil prix ? Nous ne sommes pas obligés à livrer des gravures à MM. Wallut et Comp. pour qu'ils les gardent six mois, un an même, et quelquefois plus, sans en faire emploi ; nous ne leur devons des gravures que pour l'usage du *Musée des Familles* : cet usage leur est obligatoire ; nous demandons qu'ils soient tenus de l'exercer sans retard, puisqu'il importe à la vente de nos clichés qu'il en soit ainsi.

TROISIÈME CHEF DE DEMANDE.

2,000 francs de dommages-intérêts pour l'excédant des parties gravées des gravures livrées par Lebrun à MM. Wallut et Comp., du 1ᵉʳ juillet 1849 au 1ᵉʳ octobre 1851, soit jusqu'à l'arrêt confirmatif du jugement du 17 janvier 1851.

Il nous est permis d'espérer que les explications que nous avons données dans la première partie de notre exposé ont réussi à détruire l'équivoque attachée au mot : *lignes de gravures ;* que nous sommes parvenus à faire comprendre que deux gravures d'égale hauteur, de 40 lignes par exemple, ne sont pas d'égale dimension quand l'une occupe toute la largeur de la page (15 centimètres), et que l'autre est à cheval sur les deux colonnes de la page (8 à 12 centimètres) ; qu'ainsi encore, et c'est la conséquence de ce qui précède, le mot lignes de gravures, quand il figure dans un compte, ne doit pas, ne peut pas être pris dans un sens absolu pour servir à déterminer la quantité de surface gravée, ou des parties gravées d'une gravure, surtout quand, comme dans l'espèce, cette gravure doit être expressément *mesurée sur les parties gravées seulement.*

Ce sont ces principes si vrais, si simples, qui forment la base de notre demande.

Nous ne recommencerons pas le récit des faits si étranges qui ont précédé le jugement du 17 janvier 1851 : on les trouvera dans la première partie de notre Mémoire ; nous nous contenterons de rappeler ici que, dès le 29 mai 1850, alors que la Justice venait d'être saisie de la prétention de MM. Wallut et Comp., nous avons entendu nous réserver le bénéfice de la réclamation que nous faisons aujourd'hui. Nous rappelons cela pour prouver que notre appréciation se recommande par l'épreuve d'un sentiment de très-longue date.

Le jugement du 17 janvier 1851, confirmé par arrêt de cour d'appel du 14 août 1851, signifié le 8 octobre suivant, a déclaré :

« Que le compte de lignes dues doit et devra se faire par celui des lignes supprimées « pour faire place à l'image de son sommet à sa base, sans préoccupation des marges de « droite et de gauche. »

En conséquence, et par induction, il a fixé à 400 lignes, de haut en bas, la hauteur des gravures que Lebrun devra fournir chaque mois.

Dans l'avenir nous avons accepté ce jugement avec regret à cause des vices qu'il renferme, et qui atteignent nos adversaires autant et peut-être plus que nous-même, en ne considérant que l'intérêt du *Musée des Familles ;* mais, dans le passé, nous nous opposons de toutes nos forces à ce qu'il ait contre nous seul des effets rétroactifs. Défendeur de bonne foi d'une interprétation consacrée par huit années de pratique continue, acceptée pendant dix mois par MM. Wallut et Comp. eux-mêmes, nous ne pouvons devenir victimes d'une interprétation nouvelle pour le temps où nous n'étions pas libres de nous y conformer, où au contraire nous étions tenus d'en suivre une autre que nous n'avions pas choisie seul, mais qui avait été imposée et acceptée de concert. En fait comme en droit, l'application du nouveau mode de mesurage, soit de la forme nouvelle à donner aux gravures, n'est devenue obligatoire qu'après l'arrêt définitif, et si par erreur, contre la loi, un principe de rétroactivité s'est trouvé attaché à son exécution, ce même principe nous est acquis, aussi bien qu'à MM. Wallut et Comp. En un mot, dès que nous supportons la peine de n'avoir pas donné l'usage d'une hauteur de gravures, 4,800 lignes, que nous ne savions pas devoir, qu'on ne nous a pas demandée d'ailleurs, MM. Wallut et Comp., qui ont exigé et reçu une quantité de largeur supérieure à celle qu'ils auraient eu le droit d'exiger d'après l'interprétation nouvelle, nous doivent à leur tour réparation. Cela est anormal, cela est contre la loi, mais cette illégalité ce n'est, dans le cas, que de la justice distributive.

Du 1er juillet 1849 au 1er octobre 1851, sous l'empire de l'interprétation ancienne, toutes les gravures que nous avons livrées à MM. Wallut et Comp., à l'exception de quelques-unes, pour lesquelles nous offrons de supporter un décompte, ont été exécutées dans la vue d'occuper toute la largeur de la page du *Musée*, sans marges sur les flancs de droite et de gauche. Le jugement du 17 janvier 1851 est venu poser en principe qu'on ne se préoccuperait pas de ces marges ; il nous a donc concédé un droit nouveau dont l'exercice nous était interdit jusque-là. D'après cela, il est facile d'établir que des gravures exécutées sous la préoccupation que les marges de droite et de gauche doivent être toujours couvertes de gravures, contiennent nécessairement plus de parties gravées que des gravures exécutées sous la préoccupation que les marges de droite et de gauche pourront contenir des marges *plus ou moins couvertes de blancs ou de gravures pour compléter leur encadrement sur les flancs de droite et de gauche de la partie gravée.* (Citations textuelles du jugement du 18 janvier 1851.) Or, c'est pour cet excédant de parties gravées, dont MM. Wallut et Comp. ont joui de l'usage pour l'exploitation de leurs textes, et pour lequel nous avons nécessairement plus dépensé, que nous venons demander réparation par 2,000 francs de dommages-intérêts.

Les gravures livrées par Lebrun pendant la période en question sont au nombre de 343, et représentent 10,022 lignes, LIGNES PLEINES. Selon M. Dubrul, dont nous acceptons le calcul pour éviter tout examen nouveau, quoiqu'il nous constitue en perte, 338 de ces lignes pleines équivalent à 400 lignes, sans préoccupation des marges. Donc les 10,022 lignes représentent, de fait, un excédant de 1,838 lignes.

$$338 : 400 : : 10,022 : 11,860. \text{ Différence, } 1,838.$$

Cette différence de 1,838 lignes, c'est à notre charge et au profit du droit d'usage attribué à MM. Wallut et Comp., une dépense extraordinaire de 4,595 francs.

En tenant compte à MM. Wallut et Comp. de ce que la propriété nous est acquise, que la vente des clichés nous profite, nous réduisons à 2,000 francs le chiffre des dommages-intérêts ou de l'indemnité, comme on voudra, que MM. Wallut et Comp. nous doivent en compensation de l'usage dont ils ont joui pour l'exploitation des textes du *Musée des Familles.*

Ou autrement, et nous laissons le choix à nos adversaires, notre compte de livraison de gravures sera crédité de ces 1,838 lignes, que nous aurons à fournir en moins dans l'avenir.

Dans l'un comme dans l'autre cas, nous ne demandons rien qui ne soit juste et équitable ; nous ne réclamons que la réparation du préjudice que nous avons souffert par l'offre d'une rétroactivité surprise à la justice plutôt qu'accordée par elle, car, nous le répétons, les règles qu'elle posait pour l'exécution de la convention, applicables seulement à son objet, c'est-à-dire au *Musée des Familles*, ne pouvaient comprendre que l'avenir : le passé devait garder son caractère de fait accompli.

QUATRIÈME CHEF DE DEMANDE.

> 1,000 fr. d'indemnité pour perte à notre préjudice résultant du refus de 20 gravures exécutées sur l'ordre de MM. Wallut et Comp. et refusées par eux pour prétendue mal-exécution, et dont 18 ont été refaites à nos risques et périls.

Dans le cours des exercices 1850-51, 1851-52, MM. Wallut et Comp., toujours dans le but d'augmenter nos charges, nous ont refusé 20 gravures qui représentent, au prix arbitraire de 2 fr. 50 c. la ligne, 1,677 fr. 50 c. Après qu'ils les ont fait refaire sur le même plan, d'après les mêmes dessins ou modèles ; après qu'ils les ont publiées ou rejetées (2 sont dans ce cas), nous ne pouvons plus insister pour leur acceptation : c'est pourquoi nous nous résignons à garder ces gravures et à réduire nos prétentions à une demande d'indemnité équitable.

Cette indemnité nous est rigoureusement due et ne saurait nous être refusée sans injustice, parce que ces gravures, nous le soutenons même après leur rejet par MM. Wallut et Comp., remplissent toutes les conditions d'exécution compatibles avec le prix qui nous est alloué à cette fin. Nous ne prétendons pas dire qu'elles ne pourraient pas être mieux faites, quoique MM. Wallut et Comp. n'y aient pas réussi, mais nous disons qu'elles sont supérieures à celles de la *Mosaïque*, et cela suffit, parce que, nous l'avons dit ailleurs, toute extension donnée à notre obligation de faire le mieux possible, au delà de celle-là, déciderait notre ruine et donnerait aux conventions verbales du 4 juillet 1836 un caractère léonin qui ne peut pas leur appartenir. Nous ne répéterons pas ici tout ce que nous avons dit dans notre premier exposé ; mais, de bonne foi, est-ce que nous ne remplissons pas la mission qui nous est confiée de veiller à la confection des gravures du *Musée* avec zèle et intelligence ? Est-ce que nous sommes tenus à d'autre obligation que d'employer avec discernement les sommes qui nous sont confiées dans ce but spécial ? Qu'on veuille bien comparer le résultat obtenu par MM. Wallut et Comp., avec un excédant de dépenses, à celui que nous obtenons nous-même avec notre budget ordinaire, et on sera convaincu, avec les auteurs de la sentence arbitrale de 1842 que nous avons rapportée, que la meilleure, la seule vraie garantie qui puisse exister pour les propriétaires du *Musée des Familles* de la bonne exécution de nos gravures communes est dans notre intérêt même, secondé par notre activité et notre aptitude spéciale. Vouloir le trouver ailleurs dans des prétentions qui, une fois notre ruine

consommée, seraient abandonnées comme impossibles à satisfaire, c'est de l'iniquité, c'est de la déraison.

Dès que nous consentons, dans un but de conciliation, à garder nos gravures,
nous devons tenir compte à MM. Wallut et Comp. de la valeur du droit d'usage dans
le *Musée des Familles* dont ils se trouvent privés ; c'est pourquoi nous réduisons à
1,000 fr. notre demande de ce chef. Elle est plus que modérée ; car toutes ces gravures, à l'exception de 2, forment double emploi avec celles dont nous remboursons
le prix à MM. Wallut et Comp., et dont la propriété nous revient par suite, de sorte
que leur utilité pour nous est de minime importance, et même très-contestable.

CINQUIÈME CHEF DE DEMANDE.

fr. pour restitution du prix payé pour clichés de gravures exécutées aux
risques et périls de Lebrun, par MM. Wallut et Comp., et dont il leur
rembourse le prix par retenue en compensation par compte.

De ce chef, il y aurait seulement compte à faire ; car MM. Wallut et Comp., après
avoir cru devoir exiger le prix de ces clichés, semblent disposés à le restituer. Cela
serait de toute justice ; mais en attendant nous saisissons cette occasion de faire
ressortir tout ce que la conduite de MM. Wallut et Comp. a présenté d'exorbitant à
notre égard, et combien d'énergie et de courage nous avons dû apporter dans la
longue lutte soutenue contre eux. Ainsi, il nous a fallu, au milieu de tous les embarras qu'ils nous ont suscités, payer les clichés des gravures qu'ils exécutaient avec
notre argent ; car celui qu'ils nous retenaient était bien le nôtre, et, par une amère
dérision, ils nous invitaient dans leur refus à rendre justice à leur modération.
N'est-ce pas à rendre fou d'indignation et de colère !

SIXIÈME CHEF DE DEMANDE.

10,000 fr. de dommages-intérêts pour la publication hors France et en langue
espagnole des gravures des tomes 17-18-19 du *Musée des Familles*, années 1849-50, 1850-51, 1851-52.

On n'a pas oublié que les propriétaires du *Musée des Familles* n'ont que l'usage
des gravures que Lebrun est obligé de leur fournir pour son exploitation, et
que la propriété en demeure à celui-ci, avec privilége exclusif d'emploi dans toute
publication faite à la fois hors France et en langue étrangère. Ce privilége, c'est à
vrai dire le prix unique de la cession de la *Mosaïque* au *Musée des Familles*, car la
propriété sans l'usage en France n'a pas de valeur.

En 1849-50, MM. Wallut et Comp. demandent à Lebrun, sous prétexte de réim-
pressions à faire, un certain nombre de gravures déjà publiées dans le *Musée des
Familles*. A la date du 9 mars 1850, Lebrun apprend par le *Journal officiel de la*

Librairie que ces gravures sont employées à l'impression d'une édition en langue espagnole du *Musée des Familles*, sous le titre de *Mundo pintoresco*. Il voit là une grave atteinte portée à sa propriété et à son privilége, un empiétement sur son droit d'exploitation des gravures publiées par le *Musée des Familles* dans des publications étrangères, et il se décide à en poursuivre la réparation devant les tribunaux. En vain la publication paraît-elle être faite en France : d'abord il semble à Lebrun que le droit d'usage concédé en 1836 au *Musée des Familles* pour un texte cliché dès l'origine, présentant des lacunes que ses gravures sont destinées à remplir, ne peut appartenir au *Mundo pintoresco*, créé en 1849, c'est-à-dire n'existant pas lors de la convention. Ensuite il ne comprend pas qu'il y ait chance de débit en France pour une édition en langue espagnole, et il la croit avec raison destinée à lui faire concurrence, à être vendue sur les marchés étrangers.

Le 16 mars 1850, Lebrun assigne MM. Wallut et Comp. devant le tribunal de commerce.

Mais Lebrun est en présence d'habiles adversaires. A sa demande, il est répliqué par des prétentions insolites qui noient le débat dans un déluge de questions étrangères au procès. En même temps, MM. Wallut et Comp. s'efforcent de rendre suspects aux juges et la personne de Lebrun et ses droits, en s'attribuant le privilége de la loyauté et de l'honneur.

Qu'est Lebrun? un violateur perpétuel des contrats, un entrepreneur de gravures, exploitant effronté de la misère d'honorables artistes, qui a perdu toutes les sociétés du *Musée*, qui tente de ruiner la société Wallut et Comp., auquel tous moyens sont bons pourvu que le *Musée des Familles* succombe et qu'il s'empare de ses débris.

Que sont Wallut et Comp.? une société aussi *simple*, aussi *irréprochable* que les sociétés précédentes ont été compliquées et sujettes à contestations, des exécutants loyaux et scrupuleux des contrats, ayant les procès en horreur, dont le caractère *honorable* et *pacifique* est assez connu.

Voilà pour les personnes. Passons aux droits. Le traité verbal du 4 juillet 1836, c'est un traité onéreux sous lequel ont croulé toutes les sociétés du *Musée des Familles* faites entre MM. de Girardin, Boutmy et *Cleeman*, peu de temps avant *la condamnation célèbre de celui-ci*, et MM. Thoisnier-Desplaces, Cabanes et Lebrun. Tout est étrange, disent-ils, dans ce traité *Cleeman* : aussi MM. Wallut et Comp. ont-ils pris soin de faire insérer dans le cahier des charges toutes leurs réserves pour en examiner, au delà du 1er juin 1850, *l'origine, la légalité et la prétendue perpétuité*[1].

---

[1] Admirons la variété de sentiments qui distinguent MM. Wallut et Comp.! En 1850, ils poursuivent l'annulation du traité Lebrun et CLEEMAN, condamné célèbre, et il n'est pas de monstruosités que ce traité ne contienne. En 1854, la Justice a rejeté leurs prétentions, et ils font ressortir de ce même traité une interprétation léonine contre Lebrun. Il se peut que cette façon de plaider soit habile, mais elle ne nous paraît ni vraie, ni honnête.

En regard de ces droits suspects, combien MM. Wallut et Comp. agissent avec réserve et modération ! Pour ne parler que de l'édition espagnole, usant du droit d'exercer *leur propriété*, ils font *dans leurs bureaux* et à leur imprimerie une édition espagnole du *Musée*. Cette édition n'empêche pas Lebrun de vendre ses clichés aux ouvrages seulement publiés hors France et en langue étrangère. Leur édition n'est point faite hors France, mais en France, et dans leurs bureaux mêmes. Ils n'empiètent nullement sur le droit de Lebrun. Le champ lui reste assez vaste pour vendre ses clichés à tous ouvrages publiés hors France et en langue étrangère. Lebrun *n'a donc pas exécuté loyalement son traité* en leur faisant défense d'employer *leurs gravures* au tirage du *Musée* en espagnol *qu'ils font imprimer à Paris, et dont la publication a lieu dans leurs bureaux, rue Neuve-Saint-Roch, n° 37.*

Qu'on remarque les contrastes ! Là, l'acolyte d'un *condamné célèbre*; ici, une trinité riche de toutes les vertus, rehaussées par la modération dans la conduite.

On comprendra de reste que tout cela n'a pas été dit à l'audience; aucune voix n'aurait osé se faire l'écho de telles pensées, hasarder de tels rapprochements ; mais cela, nous pouvons dire ces calomnies infâmes, ont été imprimées et jetées sous le titre d'*Épreuves* dans le cabinet du juge, après les plaidoiries, après la première comparution des parties, quand il n'était plus possible de répondre en face.

Les insinuations, les affirmations des honorables MM. Wallut et Comp. l'emportent sur les raisons, sur les craintes de Lebrun, autrement du co-contractant du *condamné Cleeman*, et le 2 mai 1850, le tribunal, toutefois après partage suivi d'un essai de conciliation tenté par le juge chargé du délibéré, et repoussé par MM. Wallut et Comp., statue en ces termes :

« Attendu que Thoisnier Desplaces, *aux droits duquel se trouve aujourd'hui Lebrun* était tenu de fournir au *Musée des Familles* pour tous les tirages que celui-ci aurait à faire les clichés des gravures ou les gravures elles-mêmes ;

« Que s'il était loisible *à l'auteur de Lebrun* de vendre tous clichés à toute publication, ces publications devaient être faites à la fois hors France et en langue étrangère ; qui si Lebrun prétend aujourd'hui contester à Wallut et Comp. le droit *de publier en France* des éditions en langue étrangère, il ressort des conventions précitées qu'il est mal fondé en cette demande qui, si elle était accueillie, aurait pour effet d'interdire *en France* toute édition en langue étrangère ; que si telle avait été l'intention des parties intervenantes aux conventions du 4 juillet 1836, elles n'auraient pas manqué de la formuler ; qu'il n'y a donc pas lieu d'accorder des dommages et intérêts pour l'édition en langue étrangère espagnole que Wallut fait imprimer chez Hennuyer.

Ainsi, foi absolue est donnée aux paroles de MM. Wallut et Comp. L'édition espagnole du *Musée des Familles est publiée en France dans leurs bureaux. Lebrun leur conteste le droit de publier en France* des éditions en langue étrangère ; il est mal fondé en cette demande, et il n'y a pas lieu de lui accorder des dommages-intérêts pour l'édition en langue espagnole imprimée chez Hennuyer.

Ce sont bien là les termes, c'est bien là l'esprit du jugement.

Les juges, par contre, reconnaissent, ce qui d'ailleurs n'a jamais été contesté, qu'à Lebrun seul appartient de publier hors France et en langue étrangère les gravures du *Musée des Familles*.

Une question de la plus haute gravité, la question de l'application, de l'attribution du droit d'usage sur les gravures, au *Mundo pintoresco*, à un ouvrage neuf, tandis que par le contrat primitif ce droit n'est réservé qu'au *Musée des Familles*, seul objet du contrat, cliché dès l'origine, même avant la livraison des gravures, dont la destination se trouve ainsi spécialisée, échappe à l'examen des juges.

Lebrun croit qu'il a été mal jugé. Il fait appel ; mais le jugement est confirmé.

Les intérêts de Lebrun sont profondément atteints. Ses acheteurs de clichés se plaignent de la concurrence qui leur est faite : MM. Wallut et Comp. ont fait un premier pas dans la voie qui doit conduire Lebrun à sa ruine. Mais, dans l'ivresse du succès, nous allons les voir oublier les règles de la plus simple prudence, et le *Journal des Petites affiches* du 30 mai 1851, alors que le rejet de l'appel de Lebrun ne lui est pas même signifié encore, contient l'extrait suivant :

« D'un acte sous signatures privées, fait quadruple à Paris, le 30 mai 1851, entre :

« 1° M. Ferdinand-Joseph Wallut, propriétaire, demeurant à Paris, rue du Bac n° 90, et maintenant rue des Saints-Pères n° 1 bis ;

« 2° M. Pierre-Michel-François Chevalier (dit Pitre Chevalier), homme de lettres, demeurant à Paris, rue de Verneuil 34, et actuellement rue des Petits-Augustins n° 5 ;

« 3° M. Louis-Epmond Bougy, teneur de livres, demeurant à Batignolles-Monceaux, rue Lemercier n° 24, ci-devant, et actuellement à Paris, rue Saint-Roch, 37 ;

« 4° Et M. *Juan* VICENTE Y ZEDO, *docteur-médecin, demeurant à Paris, place Saint-Victor n° 8.*

« Ledit acte enregistré à Paris, le 3 juin 1851, f° 22, recto, case 5, par Darmengaud, qui a reçu pour droits 5 fr. 50 c.

« A été extrait ce qui suit :

« 1° Une société en nom collectif est formée entre MM. Wallut, Pitre Chevalier, Bougy et VICENTE, pour la traduction de chaque numéro du journal français le *Musée des Familles* (qui reste la propriété exclusive de MM. Wallut, Chevalier et Bougy) en langue espagnole et pour le tirage et la publication d'une édition en langue espagnole de chaque numéro du dit journal, sous le titre français de *Musée des Familles*, auquel sera ajoutée la traduction du second titre du *Musée des Familles* par les mots suivants : *Mundo pintoresco y litterario.* Chaque numéro espagnol contiendra identiquement les mêmes articles que le numéro français correspondant sauf quelques détails dans la revue du mois. Il sera ajouté seulement des modes et un journal politique, dont les matières et l'étendue seront réglées entre les associés, ainsi que le prix de la rédaction. La publication de l'édition espagnole se fera dans tous les pays parlant la langue espagnole où il conviendra aux associés de la faire, soit en Europe soit en Amérique dans toutes les anciennes colonnies espagnoles et même dans les États-Unis.

« 2° La raison et la signature sociales seront Wallut et comp. comme pour la publication en français. Le siége de la société sera également à Paris et dans le même local qui est présentement situé dans cette ville, rue Saint-Roch 37.

« 3° Le capital social est fixé quant à présent à 20,000 fr. qui ont été versés, savoir : un quart par M. Vicente...
....

« 6° M. Vicente sera chargé de surveiller la traduction des articles français en langue espagnole, et de faire exécuter la mise en page, le tout sous le contrôle de M. Pitre Chevalier qui conservera toujours la direction prépondérante, comme dans le *Musée* français. Les termes et l'esprit du journal politique qui sera ajouté à l'édition espagnole seront arrêtés chaque fois entre les quatre associés.

« M. Bougy sera chargé de la surveillance du tirage.

« ....Toutes les dépenses y compris celles des articles et de leur traduction, des dessins et gravures s'il en est fait de spéciaux pour l'édition espagnole devront toujours être faites d'un commun accord entre les quatre associés et à la majorité ;

« 8° La durée de la société présentement formée entre MM. Wallut, Chevalier, Bougy et Vicente est fixée à dix-huit ans et deux mois à partir du 29 avril 1851. Pendant la durée de la société aucun des associés ne pourra faire directement aucune publication pouvant faire concurrence au *Musée* espagnol ou au *Musée* français, ni y participer.

« Pour extrait : Wallut, Bougy, P. Chevalier et Vicente. »

Nous ne saurions dire laquelle nous avons ressentie le plus vivement, à la lecture de cet acte, de notre indignation de la dissimulation frauduleuse de MM. Wallut et Comp., ou de notre joie de voir la lumière se faire si inopinément, par nos adversaires eux-mêmes, sur des faits dont nous avions conscience, mais pour lesquels la preuve nous manquait. Enfin donc, il allait nous être permis de reporter sur nos honorables adversaires, et avec plus de justice et de raison, ces accusations de violation des contrats, de rébellion aux arrêts de la justice. Enfin, cette réparation légitime, à laquelle ils avaient échappé grâce à leurs mensonges, nous pourrions à notre heure la réclamer des mêmes juges !

Car c'est en vain que MM. Wallut et Comp. viendraient soutenir que le jugement du 2 mai 1850 nous a interdit toute action nouvelle. Il suffit de leur opposer les termes de ce jugement en regard du but avoué, patent, de l'acte des propriétaires du texte du *Musée des Familles* et du sieur Vicente y Zedo, qui n'a pas été partie à ce jugement, pour prouver que notre demande a changé absolument de nature. Ce n'est plus la *publication en France*, c'est la *publication hors France, en langue étrangère*, de nos gravures que nous poursuivons aujourd'hui contre MM. Wallut et Comp. et Vicente y Zedo, publication pour laquelle notre droit privilégié a été constaté par les juges. Tout au plus MM. Wallut et Comp. pourraient-ils revendiquer le bénéfice de leur dissimulation pour le temps de la publication prétendue faite en France ; mais, à partir de l'acte du 29 avril 1851, il s'est produit des faits nouveaux qui engagent l'avenir, et ce sont ces faits que notre action atteint. Pour nous, la publication authentique, officielle du *Mundo pintoresco* hors France et en langue étrangère, ne datera, si l'on veut, que du 29 avril 1851 ; mais, à partir de cette époque, la preuve de ce grief nous est acquise et nous donne le droit d'en poursuivre la réparation. Arrivons de suite à l'examen de l'acte de société du 29 avril 1851.

Qu'il nous soit permis de le dire, le rédacteur de cet acte avait conscience de la mauvaise action qu'il était appelé à commettre. Cette pensée se trahit à chaque mot, dans chaque ligne, et toutes les précautions de langage auxquelles il est forcé de recourir pour tâcher de dissimuler la profonde atteinte qu'il va porter aux droits de Lebrun, ne font que rendre la violation de ces droits plus manifeste.

Le choix du titre va déjà nous en fournir la preuve. D'abord il paraîtra étrange que dans une publication espagnole on conserve le mot français, *Musée des Familles*, qui n'a pas de sens pour les lecteurs auxquels elle s'adresse. Mais il n'en pouvait être autrement : « Au *Musée des Familles* seul, considéré comme objet du contrat et « existant indépendant des sociétés qui l'exploitent, ont dit M⁰⁰ Coin de Lisle et « G. Pijon pour MM. Wallut et Comp., appartient le droit de se servir des planches « qui sont la propriété de Lebrun. » C'est pourquoi l'édition espagnole conservera le titre de *Musée des Familles*. Mais, on en conviendra, cela est malséant; il faut donc choisir un autre titre, et le choisir forcément, en conformité des principes ci-dessus exprimés dans le *Musée des Familles*, là où il n'en existe pas d'autre. Cela paraîtra difficile, mais pas à MM. Wallut et Comp. Jusqu'alors, il est vrai, le *Musée des Familles* a paru sous ce titre :

MUSÉE DES FAMILLES

LECTURES DU SOIR

La livraison mensuelle de décembre 1849 l'a conservé ; mais déjà on imprime l'édition espagnole, et la couverture de la livraison mensuelle de janvier 1850 a subi cette transformation :

MUSÉE DES FAMILLES

LECTURES DU SOIR

(Monde pittoresque. Religion. Morale. Sciences. Littérature. Beaux-Arts, etc.)

Le moyen est trouvé : le *Musée des Familles* espagnol peut s'appeler désormais *Mundo pintoresco*, sans que le principe posé par M⁰ Coin de Lisle ait rien souffert. Certes, cela est habile, surtout quand cela part d'une société aussi *simple* qu'*irré-prochable*.

Jusqu'ici, on le voit, MM. Wallut et Comp. n'ont manqué à aucune des conditions de leur contrat avec Lebrun. Le *Mundo pintoresco*, c'est bel et bien le *Musée des Familles*, puisque celui-ci s'appelle aussi *Monde pittoresque*. Mais ce n'est pas assez que la conformité du titre. M⁰⁰ Coin de Lisle et G. Pijon, ces dangereux amis, ont dit encore, toujours pour MM. Wallut et Comp. : « Lebrun n'a aliéné son droit « de propriété artistique sur les gravures qu'autant qu'il est nécessaire à l'exploita-

« tion du *Musée des Familles* (objet du contrat), et pour les incorporer dans un
« texte imprimé et cliché dès l'origine pour se reproduire indéfiniment. C'est là la
« conséquence de la convention. » Or le texte espagnol n'était ni imprimé ni cliché
lors de la convention, et évidemment il n'a pas été l'objet du contrat : de sorte qu'il
pourrait arriver que Lebrun vît dans l'intercalation de ses planches dans un texte
espagnol nouveau une dérogation à la convention primitive, un abus. Ce danger
sera prévenu encore. Pour cela l'acte porte : *Chaque numéro espagnol contiendra
identiquement les mêmes articles que le numéro français correspondant.* Il est bien
vrai qu'on y ajoutera : *quelques détails dans la revue du mois, des modes, un journal
politique, des articles, des dessins et des gravures spéciaux ;* mais qu'importe ? Est-
ce que la matière ainsi modifiée peut cesser d'être identique, quand les honorables
MM. Wallut et Comp. déclarent le contraire ? Ah ! si c'était Lebrun qui eût cette
audace !...

Mais il reste une dernière difficulté à vaincre, c'est de déclarer que l'édition espagnole sera publiée en France, puisque le droit de publier à l'étranger appartient à
Lebrun. Or, ici, l'esprit du rédacteur a été saisi de vertige. Il déclare, le malheu-
reux ! que *la publication se fera dans tous les pays parlant la langue espagnole, en
Amérique, dans les États-Unis,* partout enfin, excepté en France !

Que pourrions-nous dire après cet aveu, si ce n'est de prier nos juges de punir
MM. Wallut et Comp. de leur naïveté, après les avoir absous de leur mensonge.
Cela est de toute justice, si l'on ne veut pas que les profits attribués à Lebrun par
les conventions verbales du 4 juillet 1836, dans la vente des clichés des gravures du
Musée des Familles, dont il est propriétaire, aillent se fondre dans les mains de
MM. Wallut et Comp.

Quant à l'importance du dommage, nous ne l'avons pas exagérée. Pendant trois
années entières MM. Wallut et Comp. ont fait un usage abusif de toutes les gravures
du *Musée des Familles* publiées pendant cette période. C'est un tort matériel de
6,000 francs, en prenant pour base le chiffre annuel établi par les conventions primitives pour les clichés d'une édition allemande. Si l'on veut bien ensuite tenir
compte de l'incertitude préjudiciable qu'a fait naître chez les éditeurs étrangers,
sur la valeur du privilége de Lebrun, la publication faite par MM. Wallut et Comp. :
si l'on examine le caractère de l'infraction, les moyens mis en œuvre pour la commettre, on sera forcé de convenir que notre demande de 10,000 francs pèche plutôt par un excès de modération.

Il se pourrait que MM. Wallut et Comp. invoquassent, pour leur excuse, que le
Mundo pintoresco était imprimé en France. Mais le fait matériel de l'impression est
indépendant de la publication. MM. Wallut et Comp. ont-ils besoin de preuves ?
nous les prendrons chez eux-mêmes. Au *Mundo pintoresco,* nous l'avons su plus
tard, était joint un journal politique publié avec lui, en même temps que lui. Ce
journal, publié en France, où il était imprimé, aurait été soumis au timbre, à un
cautionnement. C'est parce que l'impression et la publication sont deux faits
distincts, c'est parce que, quoique imprimé en France il était publié à l'étranger,

que ce journal, comme tous les journaux qui se trouvent dans ce cas, a été dispensé du timbre et du cautionnement.

Se rejetteront-ils sur le dépôt fait en France? Ici encore ils n'auraient pas raison. Le dépôt fait en France, s'il n'est suivi de publication, n'a pas d'effet légal. C'est seulement de la publication que dérive le privilége de la propriété littéraire et artistique. L'impression d'un ouvrage fait en France, mais sans publication, sans distribution, et avec envoi immédiat de toutes les feuilles à l'étranger, ne constitue pas dans le sens de la loi une véritable édition, encore moins une publication. Ces principes, qui ont pour eux la sanction de la jurisprudence, ne permettent pas de considérer l'impression simple du *Mundo pintoresco* en France, même après le dépôt, comme équivalant à la publication en France. Il conserve évidemment le caractère d'édition étrangère que lui a attribué, d'ailleurs, l'acte de société de ses éditeurs.

Notre action n'embrasse que la réparation civile, nous renouvelons les réserves que nous avons déjà faites pour poursuivre ailleurs, en vertu du décret du 28 mars 1852, l'atteinte portée à notre droit exclusif de publier nos gravures en langue étrangère par la publication de ces mêmes gravures en France dans un texte étranger. L'acte reproché à MM. Wallut et Comp. nous parait constituer un véritable délit de contrefaçon.

SEPTIÈME CHEF DE DEMANDE.

Demande tendant à ce qu'il soit interdit à MM. Wallut et Comp. de faire servir le titre *Musée des Familles*, qui est la propriété commune depuis la convention, à des publications auxquelles Lebrun est étranger.

La fusion de la *Mosaïque* et du *Musée des Familles* a eu pour conséquence immédiate de rendre le journal conservé la propriété commune des parties, et le jugement du 1ᵉʳ août 1850 a consacré ce principe. Dès lors, il ne peut être rien changé aux limites et aux formes déterminées d'un commun accord entre les deux intérêts contractants, si ce n'est d'un consentement mutuel. Cependant, depuis quatre ans, MM. Wallut et Comp. annexent au *Musée des Familles*, en le parant de ce titre, un journal de modes, les *Modes vraies*. Nous, dont la position se trouve liée à l'existence du *Musée des Familles*, qui devons à la confection de ses gravures, à son impression, à son tirage, nos soins personnels, nous nous opposons à ce qu'il s'écarte ainsi des conditions de son existence, telle qu'elle se comportait lors de la convention, et nous demandons qu'il soit fait défense à MM. Wallut et Comp. d'accoler le titre de *Musée des Familles*, notre chose commune, aux *Modes vraies*. Loin de nous la pensée de prétendre interdire la publication de ce recueil : cela serait ridicule; nous voulons simplement que le titre *Musée des Familles* cesse de le décorer.

Et notre intérêt nous fait une loi de cette demande! Les gravures sous le titre de *Modes vraies*, annexées au *Musée des Familles*, nuisent à la vente de nos clichés sous ce rapport que, n'en pouvant disposer, nous ne pouvons plus exercer notre privilége de vendre à notre profit seul la collection complète des clichés du *Musée des Familles* pour des éditions étrangères publiées hors de France.

Est-il utile au succès du *Musée des Familles* que les *Modes vraies* continuent sous la protection de son titre? Alors nous renonçons à toute opposition; mais nous demandons qu'un règlement intervienne qui nous permette de délivrer les gravures des *Modes vraies*, ou plutôt du *Musée des Familles* aux éditions étrangères, comme la sentence du 25 avril 1842 nous a permis de délivrer les clichés des gravures dites supplémentaires, publiées aux frais des propriétaires.

Il ne doit pas être donné à MM. Wallut et Comp. de pouvoir éluder, au moyen d'un subterfuge indirect, consistant dans l'annexion d'une gravure exécutée par un autre procédé, qui n'est pas susceptible d'être clichée, les dispositions si formelles de la sentence souveraine du 25 avril 1842, et de détruire ainsi notre privilége.

Il semblerait que nous avons épuisé la longue série des plaintes que nous avons à former contre MM. Wallut et Comp. Il n'en est pourtant pas ainsi. Nous n'avons exposé jusqu'ici que les griefs que nous croyons qu'il est indispensable de soumettre à la justice; il en existe d'autres nombreux encore, que nous nous contenterons de signaler, et pour lesquels nous nous bornons à faire toutes réserves, tant est déjà grande la tâche que ces déplorables débats imposent à nos juges.

Ainsi il n'a pas suffi à MM. Wallut et Comp. d'avoir surpris une rétroactivité de droits en tentant d'échapper à une rétroactivité de devoirs;

De nous retenir par compensation le prix de certaines gravures, en nous privant de la propriété et de la vente des clichés de ces mêmes gravures, sur lesquelles ils n'ont pourtant qu'un droit d'usage;

De faire exécuter d'autres gravures à nos risques et périls, de nous en retenir encore le prix, puis de nous en refuser la propriété et ses suites, tout en nous réclamant en outre un excédant de dépenses;

De nous imposer l'obligation de faire faire et livrer à bref délai une quantité considérable de gravures pour en avoir l'usage, et de les laisser des mois, des années sans les publier, en violant les clauses de décisions souveraines, afin de nous priver par là du bénéfice de la vente des clichés;

D'avoir augmenté démesurément nos dépenses en obtenant par surprise, et à l'aide d'indignes subterfuges, un excédant de parties gravées considérable;

De nous avoir refusé des gravures, de s'être approprié nos dessins ou notre travail de réduction pour faire refaire ces mêmes gravures à nos dépens dans des conditions de mérite souvent inférieur;

D'avoir exigé le paiement des clichés de gravures dont ils avaient gardé le prix;

D'avoir employé abusivement nos gravures dans des éditions publiées hors de France et en langue étrangère;

De faire servir notre titre, le titre de *Musée des Familles*, qui est notre propriété commune, à des ouvrages étrangers.

Tout cela n'a pas suffi à MM. Wallut et Comp., à cette société aussi simple qu'irréprochable qui n'a que l'usage de nos gravures ; il lui a fallu encore, à cette honnête société, qu'elle taillât et rognât nos gravures à son gré ;

Qu'elle nous demandât des gravures représentant des portraits, des scènes, des vues historiques, pour les dénaturer lors de la publication ;

Qu'elle eût recours à notre bourse pour faire de la réclame industrielle, littéraire ou artistique ;

Qu'elle nous imposât l'exécution de gravures pour tel article d'un auteur célèbre, pour les employer plus tard à toute autre chose ;

Qu'elle nous fît faire des gravures pour l'illustration de telle nouvelle que, plus tard, elle croyait devoir rendre à son auteur pour trouver un prétexte de nous refuser ces mêmes gravures ;

Qu'elle insérât dans ses textes des bois ou même des clichés déjà publiés pour détruire notre privilége exclusif à la vente de la collection des clichés des gravures du *Musée des Familles*, pour nous exposer à des procès de la part des éditeurs étrangers auxquels nous avons assuré la jouissance de ce privilége ;

Qu'elle mît obstacle à notre droit de choisir l'imprimeur de nos gravures en se déclarant satisfaite de travaux d'impression plus que médiocres ;

Qu'elle réduisît les délais qui nous sont réservés pour l'exécution de nos dessins et gravures, en substituant pour la délivrance des programmes le dernier jour du mois aux premiers jours, comme il était fait auparavant ;

Elle a fait encore tout cela l'honnête société composée de MM. Wallut, Pitre Chevalier et Bougy ; et puis elle ose venir dire que nous, qui avons souffert toutes ces misères, nous sommes les violateurs des contrats ! Ah ! qu'on nous pardonne l'amertume de nos plaintes contre MM. Wallut et Comp., car ils nous ont imposé depuis quatre ans bien des souffrances, bien des pertes, bien des tourments ! Mais que la justice, enfin éclairée, nous protége contre nos dangereux adversaires en les rappelant au respect de nos droits, qu'ils foulent sous leurs pieds depuis si longtemps et avec tant d'audace. Nous ne portons pas nos plaintes dans l'ombre : nous appelons, nous provoquons la lumière. Que MM. Wallut et Comp. nous suivent dans cette voie, la seule qui puisse conduire à une bonne fin désirable, et on acquerra la preuve que les conventions verbales du 4 juillet 1836, tant calomniées par nos adversaires, peuvent recevoir une exécution honnête, profitable à tous les intérêts.

H. LEBRUN.

PARIS. — IMPRIMERIE J. CLAYE ET Ce, RUE SAINT-BENOIT, 7